TELAS PINTADAS

Miranda Innes

TELAS PINTADAS

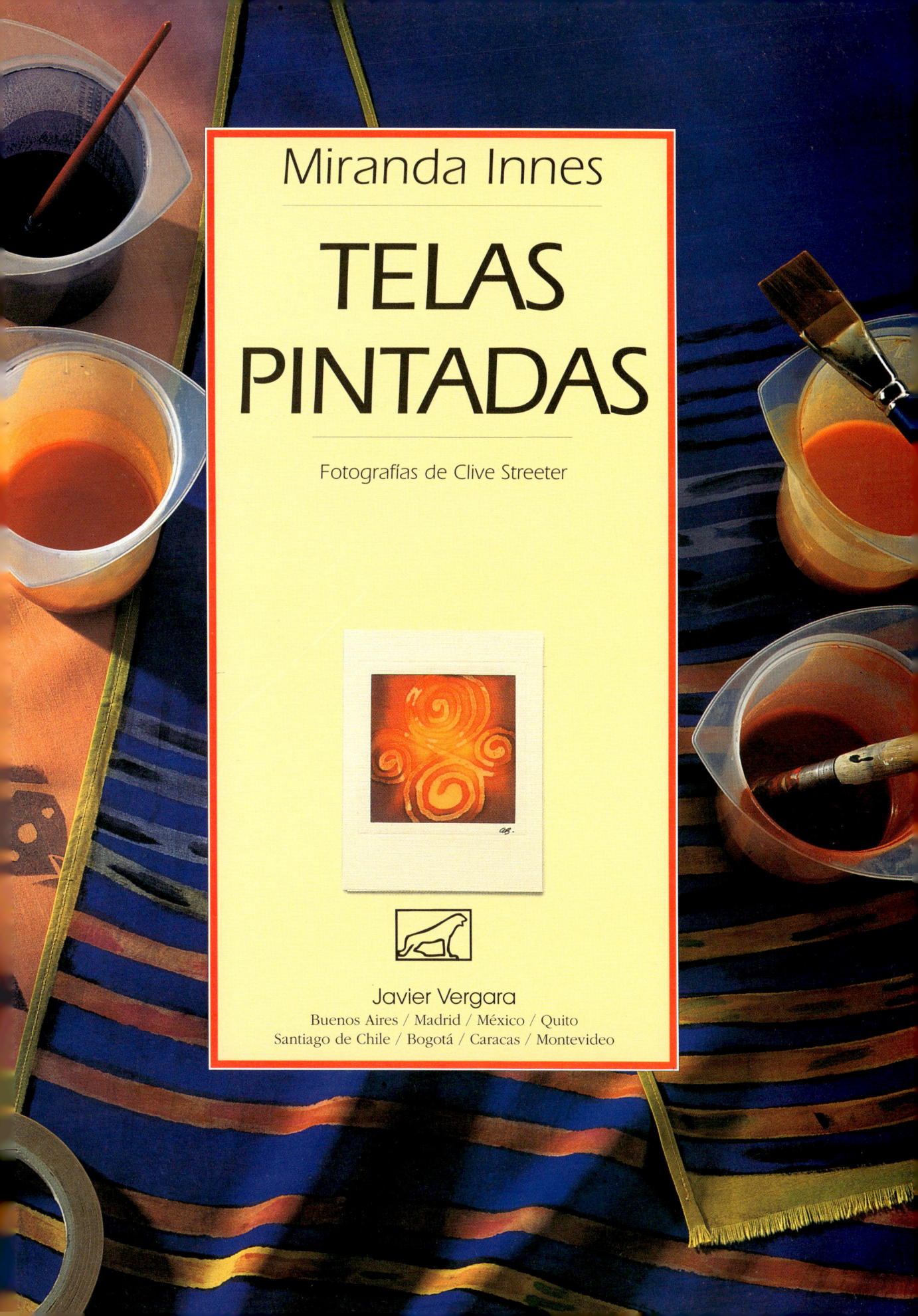

Fotografías de Clive Streeter

Javier Vergara
Buenos Aires / Madrid / México / Quito
Santiago de Chile / Bogotá / Caracas / Montevideo

DK

A DORLING KINDERSLEY BOOK

Traducción
Silvia Sassone

Fotografías
Clive Streeter

Coordinadora de realización
Elsa Mateo

Composición
Taller del Sur

Título original: Creative Crafts: Fabric painting

Primera edición en Gran Bretaña en 1995 por Dorling Kindersley Limited,
9 Henrietta Street, Londres WC2E 8PS

© 1995, Dorling Kindersley Limited, Londres
© del texto: 1995, Miranda Innes
© de la traducción: 1996, Javier Vergara Editor

ESTA ES UNA COEDICION DE JAVIER VERGARA EDITOR
CON DORLING KINDERSLEY LTD.
Edición especial para América Latina, Estados Unidos y Canadá

ISBN 950-15 1629-6

Primera edición: 1996

Todos los derechos reservados.
Esta publicación no puede ser reproducida, ni en todo ni en parte, ni registrada en o transmitida por, un sistema de recuperación de información, en ninguna forma ni por ningún medio, sea mecánico, fotoquímico, electrónico, magnético, electroóptico, por fotocopia o cualquier otro, sin el permiso previo por escrito de la editorial.

Reproducido por Daylight en Singapur

Impreso y encuadernado en Francia por Pollina

Indice

Introducción **6**
Materiales básicos y equipo **8**
Técnicas básicas **10**

Pintura y teñido

Introducción **12**
La selva pintada **14**
Seda a rayas con estilo **18**
Audaces bloques
de paño **22**
Colosos en combate **26**
Índigo y óxido **30**
La magia del terciopelo **34**
Ideas para inspirarse **38**

Impresión

Introducción **42**
Blasón en esténcil **44**
Seda traslúcida con hojas **48**
Impresiones con papa **52**
Serigrafía de caracolas **56**
Seda brillante como papel
picado **60**
Lona para la playa **64**
Seda marmolada **68**
Ideas para inspirarse **72**

Gutta y ceras resistentes

Introducción **76**
Cuadrados relucientes **78**
Paisaje de mar tropical **82**
Batik acuático **86**
Ideas para inspirarse **90**

Index **94**
Agradecimientos **95**

TELAS PINTADAS

Introducción

UNO DE LOS FACTORES que distingue a los seres humanos del resto de los seres vivientes es el gusto por el color y el diseño. En los días en que los hombres no se cubrían el cuerpo, lo pintarrajeaban con el tinte de las hojas de glasto o realizaban diseños sobre la piel con henna o cenizas. Cuando la confección y tejido de paños le ofrecieron algo más para vestir que su propia piel, decoró entonces sus vestimentas con cuentas, caracolas, bordados y tinturas, en parte para proclamar su clase social y en parte porque el diseño y el color resultan necesidades humanas fundamentales, además de ser fuentes de alegría.

Hoy, gracias a cientos de personas que trabajan incansablemente con tubos de ensayo, se puede aplicar color a casi todo lo que utilizamos y a toda clase de materiales en infinidad de maneras posibles, desde sumergir la tela en la magia primitiva del índigo hasta la pura hechicería química de pigmentos suspendidos en un medio acrílico, que pueden fijarse con un equipo de herramientas mínimo. En general, hay sólo dos tipos de pintura de telas. La primera es la pintura a base de agua, que se fija con una plancha (una plancha levemente ca-

Rayas elegantes
Moderna bufanda pintada con bandas de tintura en color amarillo, marrón y rosado.

liente aplicada sobre el reverso de la tela durante un par de minutos). Esta es una pintura que queda adherida a la superficie de la fibra. El segundo tipo se conoce como pintura fijada por vapor y para fijar el color es necesario un trabajo profesional. El color fijado por vapor (también llamado reactivo a las fibras o teñido ácido) es una tintura que penetra la fibra.

Las pinturas a base de agua que se fijan con una plancha tienden, de alguna manera, a endurecer la tela, aunque esto puede mejorar con el tiempo y los sucesivos lavados. Estas pinturas se consiguen sin problema, son fáciles de utilizar y aplicar, no son tóxicas y su uso resulta adecuado tanto para niños como para adultos. Todas son buenas para cualquier tipo de fibra natural, como algodón, seda y lino.

Las tinturas que se fijan con vapor resultan excelentes para telas a base de proteínas, tales como seda, lana, plumas y nylon. Tienen un aspecto más brillante y fluyen con mayor facilidad que las pinturas a base de agua; además, al ser tinturas, el color penetra la tela.

Batido de tinta
La tinta de impresión con esténcil se aplica con una espátula para entintar una esponja.

Tema con peces
Los motivos bajo el agua fueron la inspiración para este trabajo en batik enmarcado.

Sin embargo, las tinturas que se fijan por vapor poseen algunas desventajas. Son más difíciles de encon-

INTRODUCCION

trar, requieren mayor cantidad de productos químicos y parafernalia y la gente suele ser alérgica a ellas. Asimismo, los profesionales que se encargan de su aplicación con vapor cobran precios elevados y no resulta fácil encontrar una empresa que tiña las telas para usted, aun cuando pueda conocer a un diseñador textil que viva cerca y que le permita utilizar su equipo de vapor. Como alternativa, existen algunos fijadores químicos de tinturas que obvian la necesidad de la fijación por vapor aunque, en estos casos, debe tener cuidado de utilizar la tintura adecuada para el tipo de fijación. Después de la aplicación por vapor, el color de las tinturas así fijadas cambia; no es muy resistente a la luz y tiende a decolorarse si se expone la tela al sol. La limpieza a seco de las telas teñidas es una forma ya comprobada de preservar por más tiempo los colores.

Existen tres métodos para controlar la difusión de color sobre la tela. Primero, para los diseños gráficos con contornos fuertes, puede utilizar gutta (sustancia gomosa) o cera resistente. Segundo, para un baño de color, puede utilizar un imprimador (que debe relacionarse con el tipo específico de pintura o tintura de telas que esté utilizando). Extiéndalo en forma pareja sobre la tela con un pincel ancho o esponja. Esto da como resultado una superficie parecida al papel, sobre la cual se puede pintar y dibujar. Tercero, para obtener un acabado artístico más parecido al óleo, puede utilizar un medio para espesar mezclado con su color; esto produce un medio ideal para técnicas de decoración tales como impresión, esténcil y esponjado. Puede utilizar cualquier clase de pincel para darle color a la tela. Como alternativa, se pueden utilizar lana de algodón, copos de algodón o incluso una esponja vieja.

Comience la pintura de telas con sólo unos pocos colores o cómprese un juego ya preparado para esta tarea. Comience decorando trozos pequeños, sin gran gasto y que sean fáciles de manejar hasta que adquiera destreza en el tema y pueda descubrir el enorme placer de transformar tanto su hogar como su guardarropas con diseños grandes, atrevidos y llenos de color. Por sobre todo, no se asuste. Improvise, experimente y diviértase.

Por último, una advertencia: cuando utilice cualquier clase de producto químico o de polvo, use guantes y una mascarilla protectora, además de trabajar en una habitación bien ventilada. Siga las instrucciones del fabricante y no mezcle elementos de diferentes métodos: limítese al uso de colores a base de agua o colores que se fijen por vapor, y utilice todos los ingredientes de la misma serie.

Lunares y cuadros
Esta vaporosa bufanda de chifón posee un vívido diseño de cuadrados y puntos destacados en tintura ácida de color anaranjado y rojo.

Efecto de óxido
Esta inteligente combinación de tintura índigo y óxido sirve para crear un diseño de rayas impactantes.

Bonito plisado
La tela plisada y doblada es una manera simple de crear diseños.

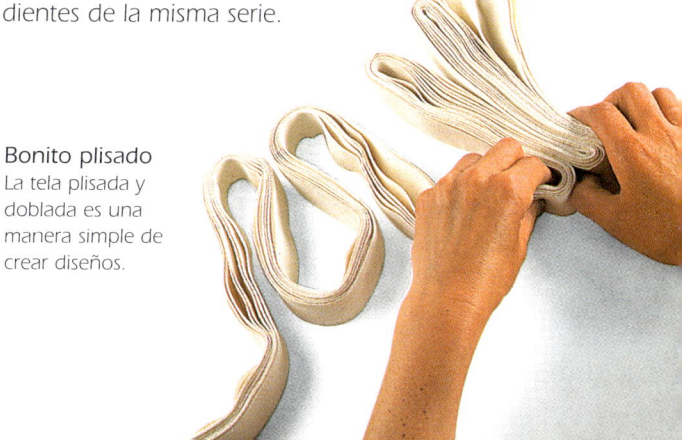

TELAS PINTADAS

Materiales básicos y equipo

ANTES DE COMENZAR con la pintura o el teñido, lave y planche la tela que piensa usar, la mayoría tiene un tratamiento de acabado que impide la absorción de la pintura y la tintura, que debe ser eliminado. Cuando trabaje con pinturas o tinturas, no olvide de vestirse con ropas viejas (use guantes de goma y una mascarilla protectora para algunos tipos de tinturas) y de proteger todas las superficies de trabajo de los inevitables derrames de los materiales. Asegúrese de trabajar sobre una superficie plana; la mesa de la cocina es un lugar ideal. Extienda una cubierta plástica sobre la mesa y sujétela con cinta adhesiva. Coloque una frazada o sábana de algodón encima y asegúrela en su sitio. Verifique que la tela que va a teñir no tenga arrugas, luego extiéndala sobre la superficie cubierta y asegúrela con alfileres.

Chinches

Cinta adhesiva de pintor

Chinches de tres puntas

Sujetador de garra

◀ **Cintas adhesivas**
Utilice cinta adhesiva de pintor para fijar la tela a la superficie de trabajo; puede también utilizarla para cubrir áreas de la tela cuando pinte. Cuando se realice impresión con esténcil se requerirá el uso de cinta engomada de color marrón. Pegue la tira humedecida alrededor de los bordes de la malla del esténcil para evitar que la tinta se filtre.

▲ **Sujetadores y tachuelas**
Cuando pinte seda o haga batik, utilice chinches comunes y chinches de tres puntas para sujetar la tela extendida al marco de madera. Si lo que está pintando es una tira angosta de tela, asegúrela al marco por medio de sujetadores de garra.

▼ **Pinceles**
Puede utilizar cualquier pincel que quiera para pintar telas. Los pinceles de esponja son buenos para hacer baños de pintura; los de pintura artística son buenos para los detalles.

▼ **Lapiceras y marcadores**
Bosqueje los diseños utilizando lápices, pasteles o marcadores de fibra. Use tiza de sastre para marcar la tela. Los marcadores para seda, tal como lo indica el nombre, permiten dibujar sobre seda.

Cinta marrón engomada

Marcador de fibra

Conjunto de pinceles

Pincel de esponja

Tiza de sastre

Pastel

Marcador para seda

Lápiz

Rodillo de goma

Esténcil de seda

Papa

Marcos de madera

Poliestireno para impresión en prensa

Esponjas naturales y sintéticas

▶ Herramientas de impresión y resistencia

Se puede imprimir con un bloque de papa tallada, un trozo de poliestireno para prensa marcado a lápiz o un bloque de linóleo, recortado con una herramienta especial, entintándolo con rodillo. Para aplicar esténciles utilice esponjas y para imprimir con estos use un esténcil de seda con rodillo de goma. La herramienta llamada tjanting se usa en batik para aplicar líneas finas de cera caliente sobre la tela. La gutta es un medio resistente que se usa para pintar sedas; se coloca con un aplicador de pico muy fino.

Linóleo

Cartulina para esténcil

Acetato

Rodillo de impresión

Herramienta para cortar linóleo

Tjanting

▶ Pinturas y tinturas para telas

Existen dos clases de pintura para telas. La pintura a base de agua que queda en la superficie de la tela y se fija con una plancha. Es fácil de usar y los colores son brillantes y permanentes. El color que se fija por vapor o reactivo a la fibra es una tintura que penetra la trama de la tela. Posee más brillo que la pintura a base de agua.

Pintura para telas

Aplicador de gutta

Cera

▼ Telas

Se puede dar color a casi todo tipo de tela (lino, rayones, viscosa, algodón, seda y lana) con pinturas al agua; la seda, lana y nylon se tiñen mejor con tinturas que se fijan con vapor. Las telas livianas, como la seda, son las mejores para hacer bufandas o chalinas, en tanto que las telas más durables, como la lona, son buenas para tapizar asientos o hacer bolsones.

Conjunto de telas

Regla

Cinta métrica

Técnicas básicas

PARA DAR COLOR A LAS TELAS existen numerosas técnicas diferentes, de las cuales la impresión con esténcil es una de las más complejas. Este es un método que imprime un diseño sobre la tela mediante una malla fina en forma de pantalla que se sostiene en un marco de madera (ver abajo). La tinta se presiona a través de un esténcil situado sobre la malla de la pantalla, usando el filo de una goma flexible (rodillo de goma) para imprimir sobre la tela. Puede realizar la impresión usando papel de esténcil adherido a la pantalla con cinta adhesiva (ver página 58) o por medio de un fotoesténcil expuesto sobre la pantalla (ver página 28). El último es más complicado y costoso, pero el resultado es un diseño de mayor definición y el esténcil dura mucho más tiempo.

Impresión con esténcil

Para obtener un fotoesténcil, primero fotocopie el diseño elegido sobre acetato. (Coloque las láminas de acetato en la fotocopiadora de a una por vez; si utiliza la alimentación automática podría derretirse el acetato.) Lleve el acetato y la pantalla a una imprenta que pueda transferir el diseño fotográficamente sobre la pantalla. Este fotoesténcil quedará en forma permanente sobre la pantalla, hasta que usted decida retirarlo o cambiarlo.

Cuando el esténcil esté en su sitio, humedezca cinta marrón engomada y péguela alrededor de los cuatro bordes de la malla de la pantalla. Emplace la pantalla sobre la tela, de modo tal que la malla de esta quede en contacto con la tela, y alinee cualquier marca que haya hecho como referencia (ver abajo). Con una cuchara vuelque la tinta a lo largo del borde superior de la pantalla, bien lejos de usted. Coloque el rodillo de goma en la tinta y arrástrelo por la pantalla hacia usted, presionando con firmeza y en forma pareja, a fin de hacer penetrar la tinta en la zona del esténcil colocado sobre la malla. Cuando llegue al borde más cercano a usted, vuelva a arrastrar el rodillo de goma por la pantalla hacia la parte superior. Levante la pantalla y lávela, usando una esponja y agua fría para eliminar todo rastro de tinta. Si deja que la tinta se seque sobre la pantalla, la malla de esta se llenará de obstrucciones y no se podrá usar.

Si repite el motivo, puede marcar la pantalla con lápiz

Cómo hacer un esténcil de seda

1 Con un serrucho de dientes comunes y una caja de ingletes, serruche un largo de madera en cuatro partes iguales. Corte el extremo de una de las partes en falsa escuadra; corte el otro extremo de modo que la esquina en falsa escuadra sea en dirección opuesta a la anterior. Repita con las tres partes restantes.

2 Lije las esquinas y péguelas con cola de carpintero. Arme las piezas hasta formar un marco y para fijarlo engrape cada esquina en una mordaza esquinada. Atornille un soporte en ángulo recto en cada esquina para lograr una mayor resistencia. Deje que el marco se seque durante aproximadamente 12 horas.

3 Pinte el marco con dos manos de barniz marino, dejando secar la primera capa antes de aplicar la siguiente. Extienda un trozo de malla de seda sobre el reverso del marco y fije con grapas uno de los bordes de la seda hacia abajo, todo a lo largo de uno de los laterales de la madera, para asegurar.

en los bordes, con el fin de hacerlos corresponder con los bordes del motivo. Estas se llaman marcas de referencia. Alinee las marcas en la pantalla con el diseño impreso en la tela antes de volver a hacer una impresión. Como alternativa, puede alinear imágenes a ojo, aunque dicho método no es muy preciso.

Cómo repetir un diseño

Uno de los métodos para hacer un diseño repetido es dibujar el motivo sobre un trozo de papel usando un marcador de fibra de color negro, después fotocopiándolo varias veces; como alternativa, puede fotocopiar una imagen ya impresa. Con cuidado, recorte los motivos y dispóngalos sobre el papel para hacer el diseño repetido. Coloque una hoja de acetato sobre el papel y calque el motivo sobre el acetato usando una lapicera de tinta negra opaca. Tal como se hizo arriba, el fotoesténcil puede hacerse a partir de este acetato.

Para la repetición de un diseño abstracto, primero dibuje un diseño complicado para rellenar un cuadrado o rectángulo. Corte en forma vertical por el centro del diseño siguiendo una línea ondulada. Transponga las dos mitades del diseño, de modo tal que los bordes ondeados queden mirando hacia afuera; pegue con cinta adhesiva las dos mitades por el reverso. Corte en forma horizontal por el centro del diseño siguiendo una línea ondulada. Transponga las dos mitades y péguelas juntas en el reverso. El diseño debe tener ahora cuatro bordes ondeados. Fotocopie esto varias veces; recorte las copias y péguelas todas juntas, haciendo coincidir con exactitud los bordes ondeados; el diseño debe repetirse para lograr un modelo continuo. Fotocopie todo sobre acetato para hacer un fotoesténcil, tal como se hizo anteriormente.

Fijación de pinturas y tinturas

La mayoría de las pinturas y tinturas deben fijarse sobre la tela, ya sea por medio del planchado o de la aplicación de vapor, a fin de evitar que los colores destiñan cuando se lave la tela. Siempre siga las instrucciones del fabricante.

Para aplicar vapor a la tela que eligió deberá conseguir una máquina de vapor o encontrar una empresa que haga esto por usted; como alternativa, puede aplicar vapor a un pequeño trozo de tela en una olla de presión. Coloque la tela sobre un trozo de algodón y enrolle las capas juntas. Coloque hacia adentro los extremos y pinche con alfileres para asegurar. Vuelque 2-3 cm de agua en la olla de presión. Coloque el rollo en una canasta de metal y suspéndala sobre el agua. Cubra la canasta con papel y papel de aluminio, después cierre herméticamente y cocine durante 45 minutos.

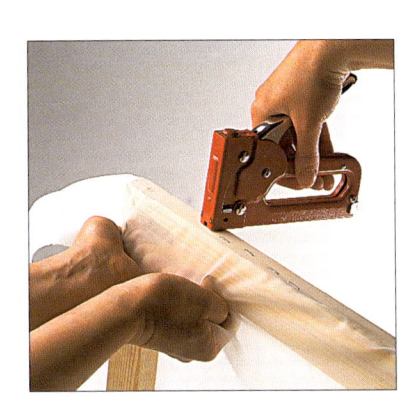

4 Tire la malla por encima de la parte frontal del marco, de modo tal que quede tensa y sin arrugas, y asegure con grapas al marco sobre los lados restantes. En este paso, es posible que necesite pedir la ayuda de otra persona.

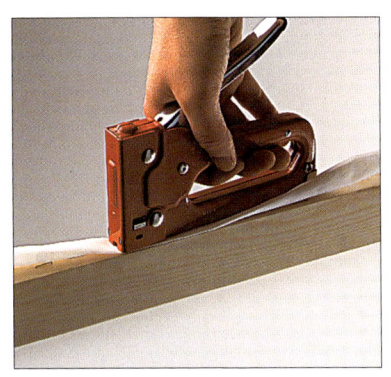

5 Doble cualquier extremo que exceda de la malla en todos los lados, para que la pantalla quede prolija. Asegure con grapas los extremos doblados a los laterales del marco. Si se dañara la malla, abra las grapas, desenvuelva y vuelva a emplazar la malla de repuesto, para volver a fijarla al marco por medio de grapas.

6 Pegue cinta marrón engomada y humedecida alrededor de los cuatro bordes de la malla de este esténcil, sobre aquel lateral al que aplicará la tinta. Esto evitará que la tinta se filtre entre los bordes de la malla y el marco de madera, pudiendo arruinar el diseño.

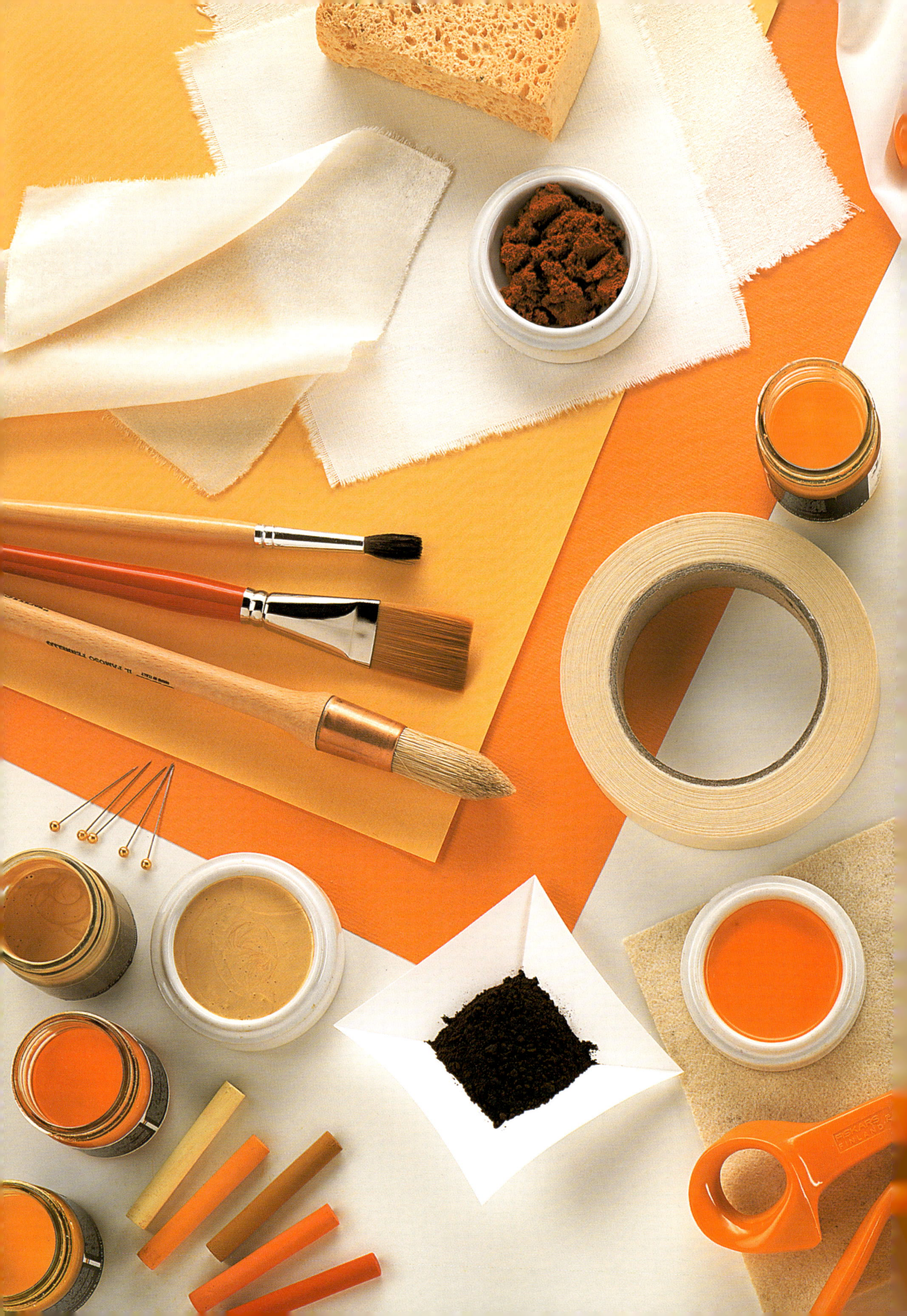

Pintura y teñido

TANTO SI USA UN BALDE de fragante índigo proveniente del corral de una granja o un pincel de pintor embebido de tintura que se fija por vapor, la pintura y el teñido de telas representa un placer primitivo que puede producir rápida y fácilmente textiles de clásica simplicidad oriental o de sofisticación contemporánea. Se puede transformar toda clase de telas, desde la seda más fina hasta el suave paño de lana o la rústica loneta, además de poder decorar cualquier elemento, desde una bufanda hasta un felpudo para la puerta de la casa. La pintura y el teñido de telas es la introducción más fácil al color y requiere muy poco en materia de equipo de herramientas. Todo lo que usted produzca de esta manera será exclusivo y poseerá una textura y un carácter llenos de vida. Los diseños simples suelen ser los mejores; su primer proyecto podría ser una fina chalina de seda pintada sólo con unas rayas anchas de color anaranjado y colorado.

La selva pintada

MATERIALES
Papel de color
Pasteles
Tela de algodón
Tintura de pigmentos de mezclas preparadas

EQUIPO
Tijeras
Plancha
Tela absorbente
Cinta adhesiva de pintor
Pincel de artista

PINTORESCO CRUZAMIENTO entre la obra de Rousseau y Matisse, es más factible que esta cortina de enrollar atraiga a alguien de personalidad extrovertida. Las vívidas formas hechas a mano alzada son divertidas de pintar, al basarse más en el manejo desenvuelto de la pintura que en la precisión. Una excelente forma de lograr una maravillosa impresión por el precio de un corte de tela de algodón.

El diseño comienza a vivir como el borrador de un niño, al jugar con colores y formas simples realizadas en papel ideando la disposición en miniatura antes de comprometerse con un trabajo en escala mayor. En lugar de las hojas gigantes de una selva, podría pintar un cardumen de peces a rayas para adornar el baño o margaritas amarillas para alegrar la cocina. Si desea repetir el diseño, puede utilizar un esténcil o aplicar el color con una esponja, para lograr una suave textura punteada.

Cuando haga una cortina, recuerde que deberá hacer dobleces a los costados y dejar algunos centímetros de más en el ancho de la tela. Necesitará algo más de tela para el dobladillo y el rollo de la cortina. Una vez que la haya terminado, puede proteger el trabajo de pintura, rociándola con un endurecedor, que tal vez haga que el trabajo encoja levemente.

La devoción por las cortinas de enrollar
El despliegue de hojas de colores brillantes es el antídoto perfecto para una vista deprimente. A la mente interesada en la horticultura le gustaría pintar un conjunto de hierbas para la ventana de una cocina. Unos padres muy afectuosos podrían crear una pradera llena de pequeños ponis, en tanto que los especialistas en lepidópteros pueden intentar la pintura de violáceos emperadores y damiselas aladas.

Hojas nuevas
Mediante una gama de colores diferentes, los elementos del mismo diseño logran tener un aspecto distinto. Experimente con papeles de colores y pinte su cortina para que haga juego con la decoración del ambiente.

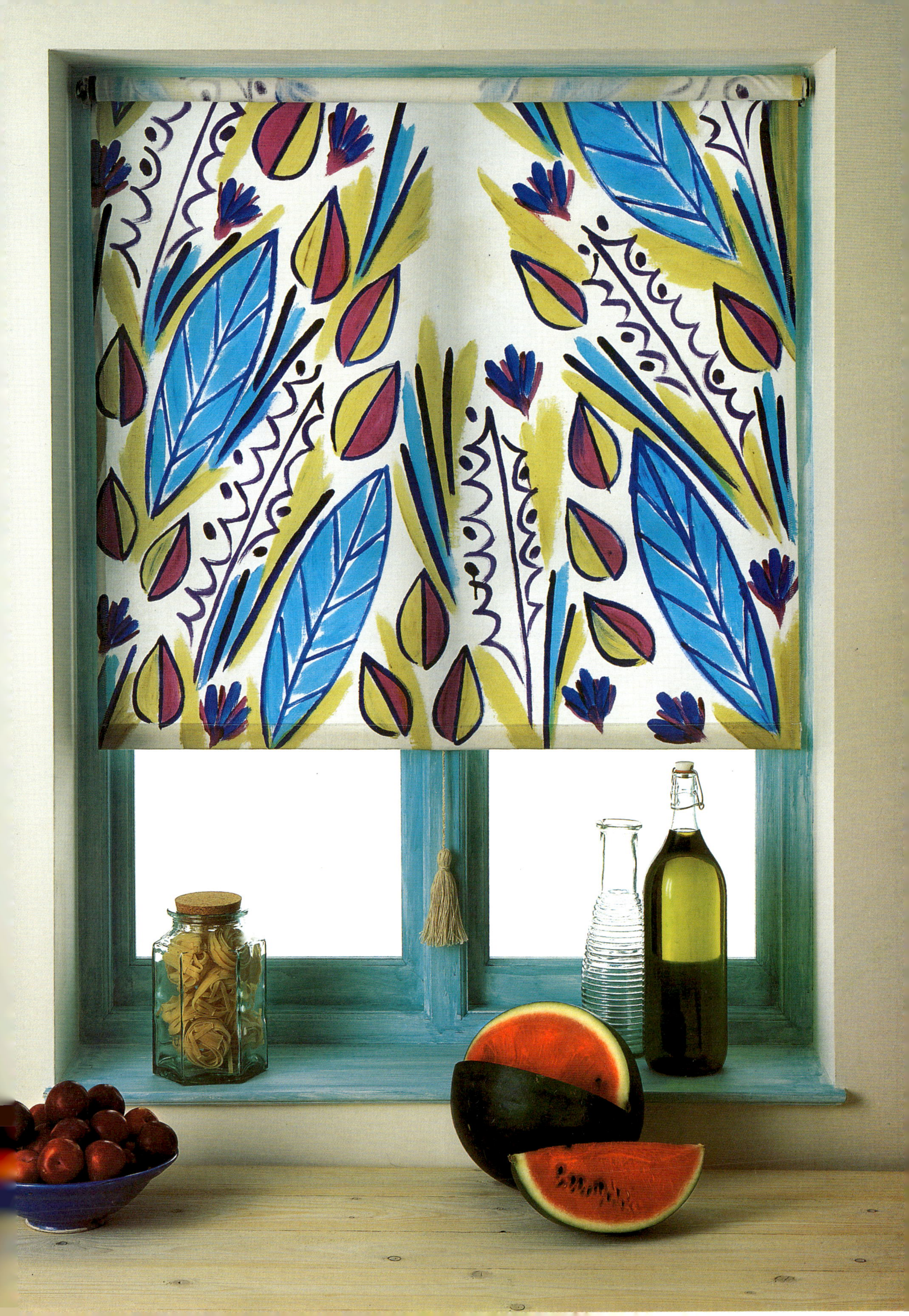

PINTURA Y TEÑIDO

Pintura de algodón

Con los recortes de figuras de papel como guía, respire profundamente y tome el pincel. Las materias primas no harán quebrar el presupuesto, por lo tanto, relájese y disfrute de la tarea.

Pasteles y papeles de color

Tela de algodón

Tinturas de pigmentos ya preparados

1 Planifique el diseño dibujando motivos sobre papel, usando papeles de colores que coincidan con los colores de tintura que piensa utilizar. El uso de pasteles le ayudará a crear el efecto de pinceladas. Recorte todos los motivos.

2 Disponga los motivos recortados sobre un trozo de papel hasta que esté conforme con el diseño. Este vívido diseño se basa en motivos de hojas. La plantilla de papel le servirá como guía, cuando comience a pintar.

3 Para evitar que encoja en forma despareja, lave, seque y planche la tela antes de comenzar a pintar. Colóquela sobre una tela absorbente, en la superficie de trabajo. Extiéndala para que quede tensa y sujétela con cinta adhesiva. Practique con algunas pinceladas sobre un trozo extra. Cuando esté seguro, pinte los motivos sobre la tela usando las tinturas de pigmentos ya preparados.

4 Poco a poco, forme el modelo, pintando primero los contornos, después rellenando las formas con colores contrastantes. La técnica de pintura a mano se presta para las formas vívidas y simples, como en este caso, y los colores brillantes logran mayor efectividad. Pinte primero formas grandes para determinar la estructura del diseño, después agregue motivos de hojas más pequeñas en los espacios.

LA SELVA PINTADA

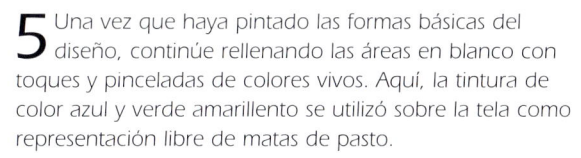

5 Una vez que haya pintado las formas básicas del diseño, continúe rellenando las áreas en blanco con toques y pinceladas de colores vivos. Aquí, la tintura de color azul y verde amarillento se utilizó sobre la tela como representación libre de matas de pasto.

6 Cuando haya terminado de pintar, deje que se seque la tela, después fije los colores pasando una plancha a temperatura media, moviéndola constantemente de modo tal que no deje marcas.

7 La tela terminada ahora está lista para transformarse en una cortina de ventana. Cualquier resto de tela puede utilizarse para hacer fundas de almohadones que hagan juego.

Seda a rayas con estilo

MATERIALES
Seda de color arena lavada
Cinta adhesiva de pintor
Tinturas ácidas mezcladas con medio para espesar (según las instrucciones del fabricante)
Agua
Detergente suave

EQUIPO
Tijeras
Cinta métrica
Pincel de pintor
Secador de pelo (optativo)
Pincel de artista
Tela de algodón
Máquina de vapor

COLORES FUERTES E INESPERADOS se combinan con valentía en nítidas rayas en esta chalina simple y elegante. Un vibrante azul profundo, el color de una noche tropical, forma un cálido contraste con las bandas pintadas a mano con tinturas ácidas de color amarillo, terracota y azul oscuro. La cinta adhesiva de pintor es un material simple que permite un diseño bien definido, logrado al bloquear la tintura; es muy fácil ocultar con cinta formas geométricas de lados rectos. El borde contrastante es un toque final simple y efectivo. Es útil tener un pulso firme para aplicar el color, aunque no esencial; la impresión que causa el diseño no depende tanto de la precisión como del vívido contraste.

El color denso y rico, el tacto y la caída de la chalina terminada provienen de utilizar una seda pesada en color arena lavada. Esto implica pintar el diseño dos veces, en la parte delantera y en el reverso, ya que la tela es demasiado pesada para que penetre la tintura. Si esto le parece demasiado complicado, puede utilizar una seda más liviana que se pinte de una sola vez y lograr una chalina vaporosa de colores brillantes.

Chalina estridente
Las rayas de pintoresco color le otorgan a esta chalina un aspecto fresco, límpido y moderno, con el leve toque de la elegancia de los años treinta. Es este un elemento de adorno que se lleva con lino blanco y gran desenvoltura.

Bandas en cantidad
No hay necesidad de mantener simétricas las rayas o de limitarlas a una sola dirección. Cuando se transforme en un experto, tal vez prefiera distribuirlas con cinta adhesiva de pintor, a fin de lograr un estilo más suelto.

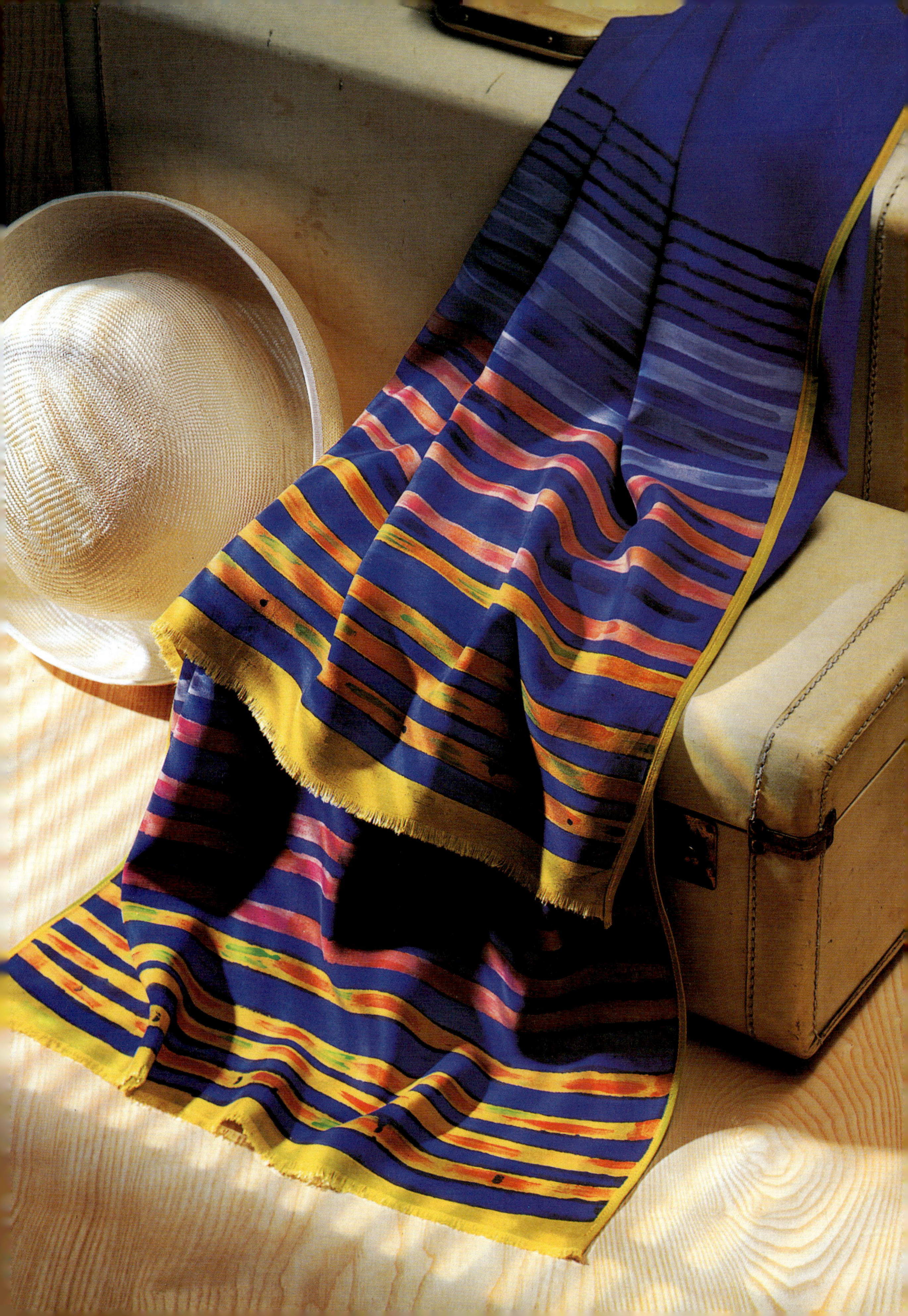

PINTURA Y TEÑIDO

Pintura de sedas

Con un rollo de cinta adhesiva de pintor, un pincel grueso y tinturas ácidas ya preparadas, puede permitirse una orgía de colores brillantes, sin diluir.

Cinta adhesiva de pintor y seda color arena lavada

Tinturas ácidas mezcladas con un medio para espesar

1 Corte un largo de seda de color arena lavada del tamaño que desee su chalina. Extiéndala sobre la superficie de trabajo y asegure los laterales con cinta adhesiva de pintor. Cruce de lado a lado con la misma cinta el ancho de la tela, separando las tiras unos 2,5 cm para una sección de 30 cm en cada extremo de la chalina. No se preocupe si las líneas de cinta adhesiva no son absolutamente rectas y parejas; las líneas desparejas le agregan atracción al diseño en su conjunto.

2 Verifique el color de la tintura sobre un trozo de tela extra. Con un pincel de pintor grueso, pinte tintura azul sobre la superficie de la seda. Pinte de derecha a izquierda para lograr un efecto parejo o agregue pinceladas en curvas para otorgar textura. Deje que la tela se seque durante 30 minutos o utilice un secador de pelo para acelerar el tiempo de secado. Retire las tiras horizontales de cinta adhesiva para dejar al descubierto las rayas blancas que quedaron debajo.

3 Con un pincel fino de artista, pinte las cuatro rayas blancas cercanas al centro de la tela con una mezcla de tinturas de color azul y negro, y luego el resto de las rayas con amarillo; mientras esté húmedo se verá anaranjado.

4 Pinte los detalles sobre las rayas para lograr mayor color y textura. Aquí se trazan rayitas y pinceladas de tintura rosada sobre las rayas amarillo-anaranjadas. Deje secar alrededor de 30 minutos o utilice un secador de cabello.

SEDA A RAYAS CON ESTILO

5 Despegue la cinta adhesiva de los bordes de la tela. Como la tintura aún no ha llegado a esta parte de la tela, todavía estará blanca.

6 Pinte el borde externo con tintura amarilla para que haga juego con las rayas y contraste con el azul de la tela. Deje que la seda se seque durante 30 minutos o séquela con secador de pelo.

7 Dé vuelta la tela. La tintura se verá a través en parches sobre el reverso. (Si utiliza una seda más fina, la tintura penetrará la trama completamente.) Tape con cinta rayas y borde como lo hizo antes y pinte el reverso de la tela para que coincida con la parte delantera. Deje secar.

8 Coloque la seda pintada plana. Acomode un trozo de tela de algodón encima de esta y enrolle la seda con el algodón en el interior (esto evitará que cualquier parte de la seda pintada toque otra y que las tinturas se corran). Aplique vapor a la seda durante 45 minutos para fijar las tinturas. Enjuague con agua fría; si aún así el agua no sale limpia, lave con detergente suave. Vuelva a enjuagar y deje que se seque.

PINTURA Y TEÑIDO

Audaces bloques de paño

MATERIALES
Paño de lana pesado
Tinturas ácidas mezcladas con un medio para espesar (según las instrucciones del fabricante)
Agua
Detergente suave

EQUIPO
Cinta adhesiva de pintor
Tiza de sastre
Regla de metal
Selección de pinceles
Secador de pelo
Tela de forro
Máquina de vapor
Secadora centrífuga

ESTA MANTA NO ES UN TROZO DE TELA ARRUGADO; es atrevida, brillante y muy hermosa. Resulta además maravillosamente cálida y cómoda, el antídoto perfecto para un invierno frío y gris. Los elementos del modelo son tan básicos como se los ve; simplemente bloques y rayas con un repertorio infantil de gotas, líneas onduladas y garabatos. Sin embargo, todos combinan de una manera extraordinariamente efectiva y acogedora para hacer que esta manta sea un bonito elemento de decoración, ya sea sobre un moderno sofá o en un dormitorio de campo.

El diseño irregular a mano alzada se ve mejorado por su distribución aparentemente arbitraria. Si desea copiar la espontánea alegría de este proyecto, debe dejar de lado cualquier noción de simetría y prolijidad. Las pinceladas grandes ayudan a eliminar cualquier tendencia al remilgo. Del mismo modo, el uso confiado de una combinación no habitual de colores es algo para copiar; es muy fácil proyectarse hacia el buen gusto y terminar logrando un diseño sin gracia. El paño pesado absorbe el color como si fuera una esponja y es tan rígido como una tabla hasta que se lo somete al vapor; sin embargo, al final posee la textura suave y mullida de la gamuza.

Una manta para ganar
Bandas, bordes y diseños variados en los parches de colores brillantes hacen que esta sea una manta de tremendo desenfado, aunque sorprendentemente fácil de realizar.

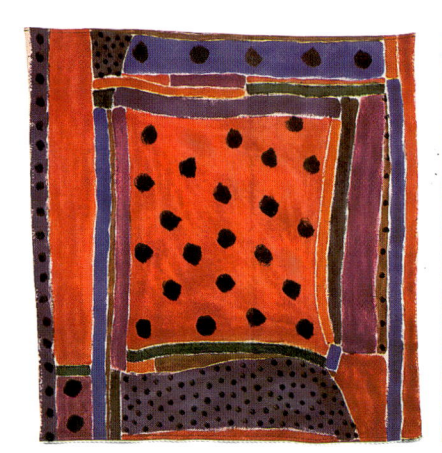

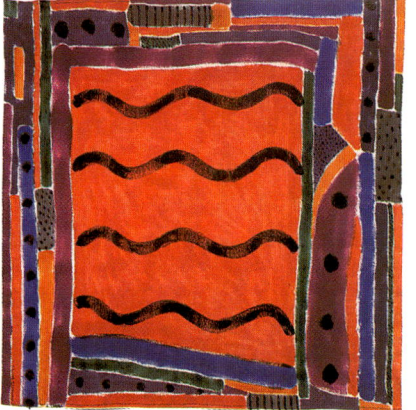

Bien moteado
Estas mantas de paño de lana se han dibujado con mano más alzada que en el diseño principal. Las pinceladas aquí resultan más evidentes, contribuyendo en conjunto a darle vigor al modelo.

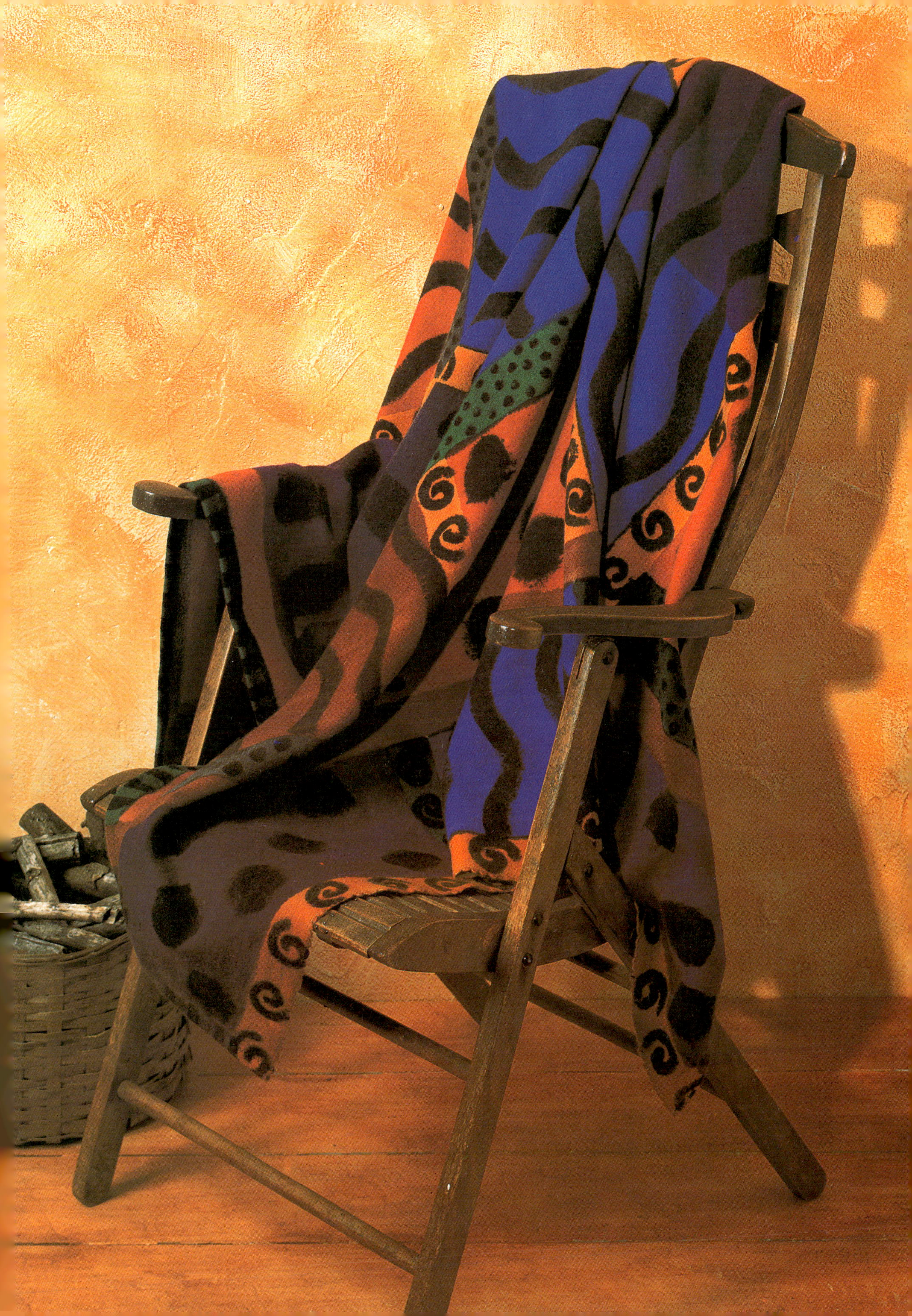

PINTURA Y TEÑIDO

Pintura de lanas

¡Que sus manos se llenen de coraje! El tamaño de esta manta representa el aspecto de mayor desafío. La pintura es juego de niños. No se preocupe si los colores son tristes cuando se sequen, ya que el vapor les devolverá toda su riqueza.

Paño de lana pesado

Tinturas ácidas mezcladas con medio para espesar

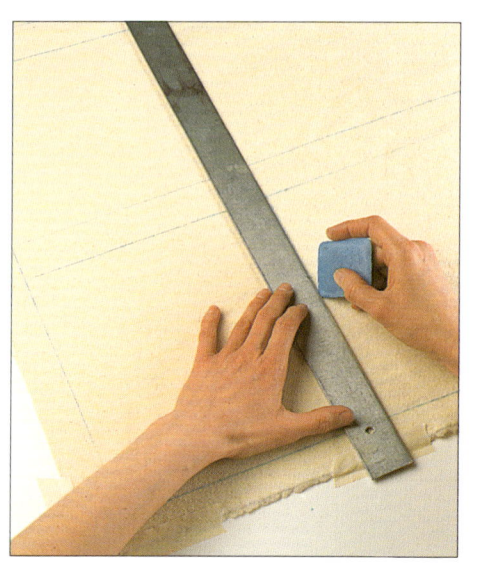

1 Fije el paño de lana a la superficie de trabajo con cinta adhesiva pegada a lo largo de los bordes, de modo que la tela quede plana. Marque el diseño con una tiza de sastre y una regla de metal. Este diseño está compuesto de cuadrados y bloques.

2 Pinte con tintura la tela, de a una sección por vez. Como la tela es tan gruesa, no se verá ninguna de las pinceladas, de modo que puede pintar en cualquier dirección.

3 Continúe pintando con otros colores hasta rellenar los bordes del modelo sobre la tela. No se preocupe si algunos colores se entremezclan en los bordes adyacentes, ya que esto agrega atractivo al efecto en conjunto.

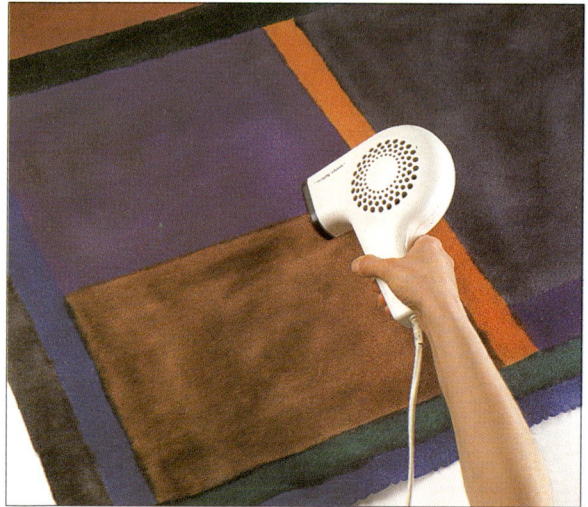

4 Retire la cinta adhesiva de los bordes de la tela y pinte los bordes. Después seque la tela con un secador de pelo. Como el paño de lana es pesado, tardaría varios días en secarse naturalmente.

AUDACES BLOQUES DE PAÑO

5 Pinte los detalles sobre la tela con tintura negra. Utilice un pincel grande de punta redonda para hacer grandes gotas al azar.

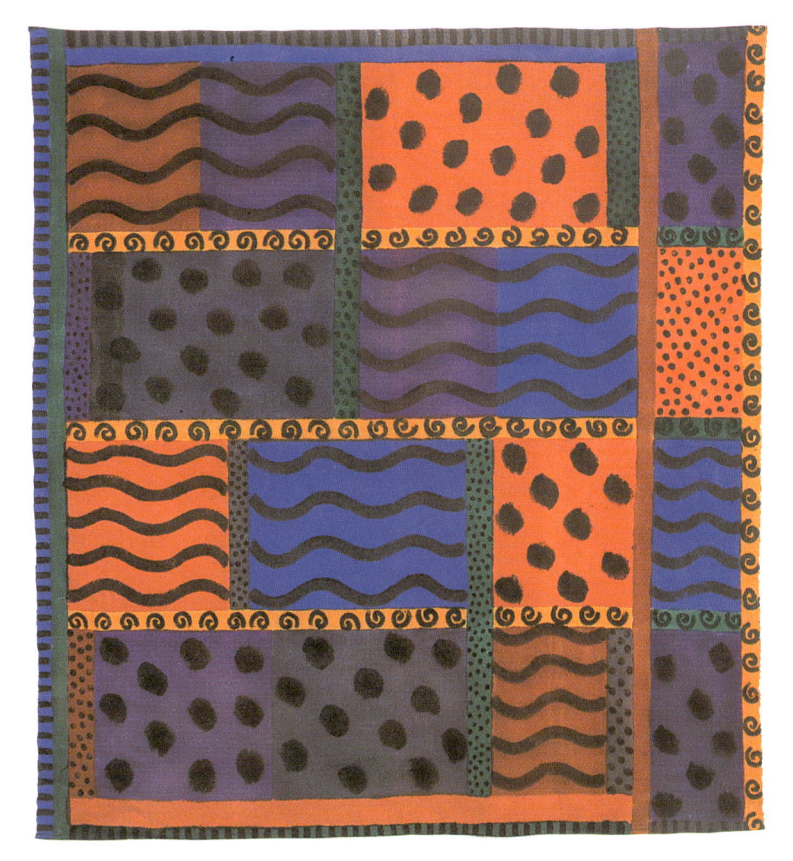

6 Utilice un pincel de artista más pequeño para pintar garabatos redondos y puntos pequeños. Vuelva a dejar que se seque la tela, ya sea naturalmente o con la ayuda de un secador de pelo.

7 Envuelva la manta con una tela de forro y sométala al vapor durante 45 minutos para fijar las tinturas. Enjuague con agua fría hasta que el agua salga limpia, después lave con un detergente suave y vuelva a enjuagar. Centrifugue la tela, después déjela secar.

PINTURA Y TEÑIDO

Colosos en combate

MATERIALES
Papel
Acetato
Seda
Cinta marrón engomada
Tinturas reactivas a las fibras de agua fría
Agua
Detergente suave

EQUIPO
Crayones de colores
Fotocopiadora
Goma de pegar
Lapicera de tinta negra opaca
Esténcil (pantalla)
Tela absorbente
Cinta adhesiva de pintor
Rodillo de goma
Esponja
Máquina de vapor
Plancha
Pincel de artista
Baño de tintura
Guantes de goma

LAS CAPAS DE COLORES otorgan a esta seda estampada y pintada a mano una fuerza y energía luminosas. Curiosamente, aunque las primeras tinturas son azules, se ven alteradas por la alquimia de la tintura colorada dando como resultado vívidos parches de un color más oscuro, aunque intermedio. Es este uno de los misterios que hace tan fascinante el arte de pintar telas. Los pasteles son medios útiles para explorar las posibilidades de color; son tan brillantes como las tinturas y pueden aplicarse en capas para lograr mezclas aproximadas de color.

Estas trompas y colmillos en pugna se estamparon al azar sobre una seda pesada utilizando un fotoesténcil (véase página 10). Puede calcar cualquier imagen, tan simple o compleja como sea su paciencia y repetirla tan a menudo como lo desee, agregando sombras o contornos más marcados donde quiera destacar ciertos aspectos del diseño. Realizado a grandes espacios y pintado con vigor, un diseño como este se torna casi abstracto y como parte de la rica textura general; una tintura más pálida y pareja evidenciaría los dibujos en negro. La tentación cuando se pinta es ser demasiado exacto, pero en este caso la precisión es enemiga de la espontaneidad, de modo tal que siéntase suelto y libre cuando dé las pinceladas.

Corbata teñida
Estos elefantes en seda colorada representan un cambio bienvenido en la antigua corbata de colegio y poseen un impresionante pintoresquismo. Sin embargo, tenga cuidado con cualquier decoloración hacia los rosados en la línea de los elefantes.

Criaturas de color
No es necesario sumergir la tela en tintura; estas criaturas fueron pintadas a mano en parches de color hechos al azar: las cabras con colores casi traslúcidos, los elefantes en intenso color cobalto y colorado.

26

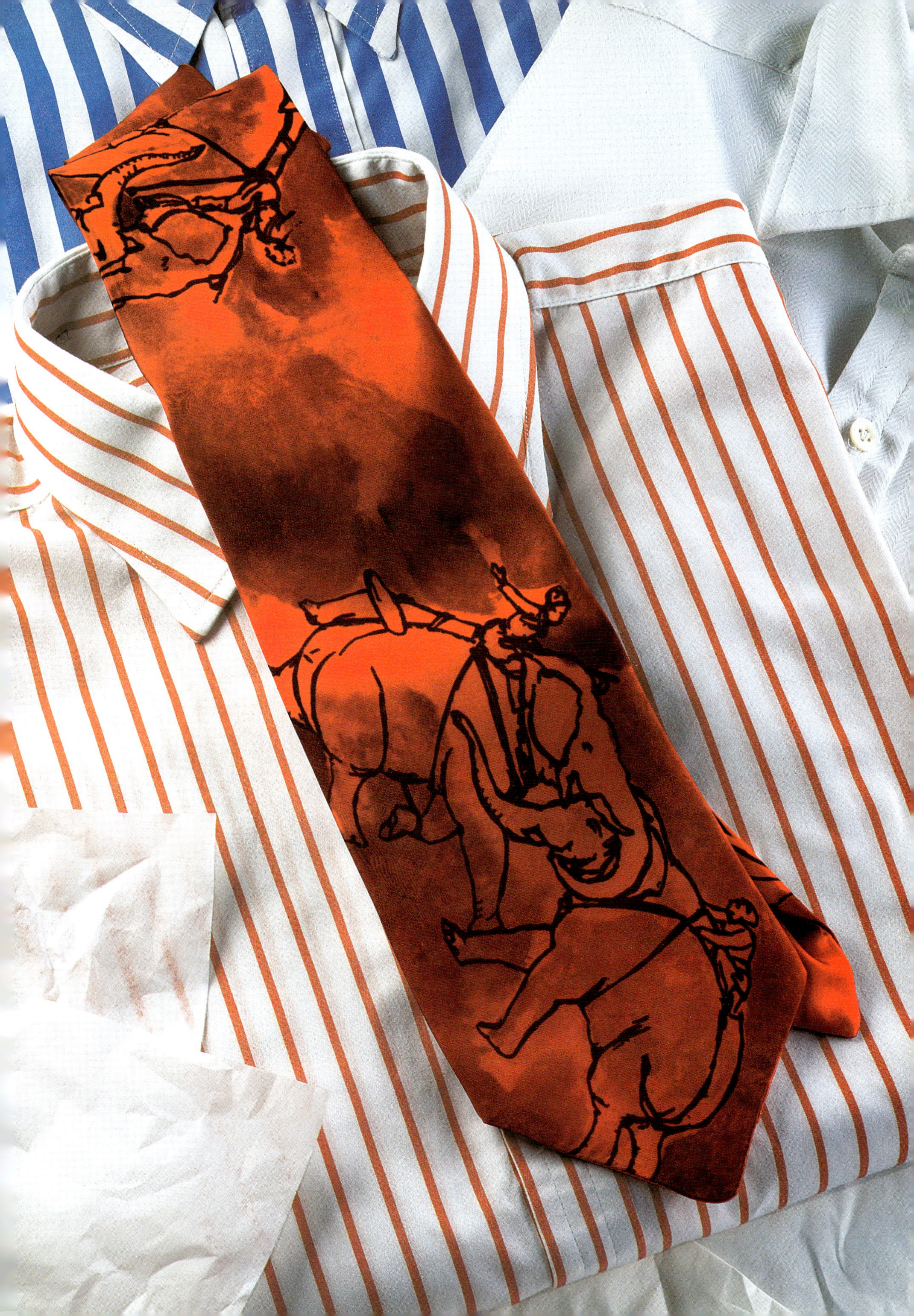

PINTURA Y TEÑIDO

Cómo dar color a la seda

Este proyecto es una oportunidad para probarlo todo: la precisión definida de los fotoesténciles, la vibrante textura de la pintura a mano y la intensidad unificante de teñir por inmersión.

Acetato y papel

Seda

Tinturas reactivas a las fibras de agua fría

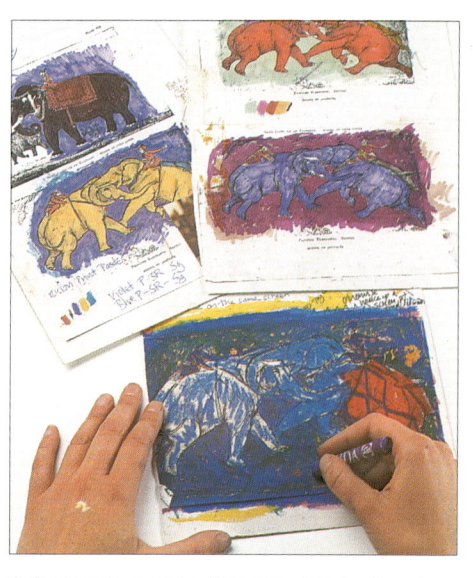

1 Tomando como referencia distintas fuentes, dibuje un diseño para la tela. El diseño de aquí se basa en elefantes, pero puede probar con un motivo más simple. Experimente con diferentes coloraciones usando crayones o pasteles.

2 Fotocopie el diseño; pegue las copias sobre papel en un diseño de repetición. Calque sobre acetato con una lapicera de tinta negra opaca. Lleve el acetato y una pantalla (ver página 10) a una imprenta donde se hará el fotoesténcil (ver página 10).

3 Estire un trozo de seda sobre una tela absorbente, asegurándola con cinta adhesiva. Pegue la cinta marrón engomada previamente humedecida alrededor de los bordes de la malla y del marco del esténcil, y emplácelo sobre la tela (ver página 10). Aplique tintura en pasta de color negro sobre el borde superior del esténcil e imprima (ver página 10). Repita en toda la tela. Lave el esténcil.

4 Aplique vapor a la tela durante 20 minutos para fijar la tintura (ver página 10), después lávela con agua fría hasta que el agua salga limpia. Lave y vuelva a enjuagar. Seque y planche. Péguela bien tensa con cinta adhesiva sobre la superficie de impresión. Con un pincel de artista y tintura azul pálido, realice pinceladas al azar alrededor de los motivos. Las pinceladas le agregarán atractivo a la textura.

COLOSOS EN COMBATE

5 Deje que la tela se seque, después pinte sobre la tintura azul oscuro parches al azar, rellenando más el color de fondo y algunos de los motivos. Nuevamente, pinte en distintas direcciones para dejar suficientes pinceladas visibles. Aplique vapor y lave la tela como en el paso 4 para fijar la tintura.

6 Prepare un baño de tintura de color rojo, siguiendo las instrucciones del fabricante. Usando guantes de goma, sumerja la seda pintada en el baño de color rojo. Hierva a fuego lento durante 15 minutos, revolviendo constantemente para asegurar una distribución pareja del color. Retire y enjuague con agua fría hasta que salga limpia.

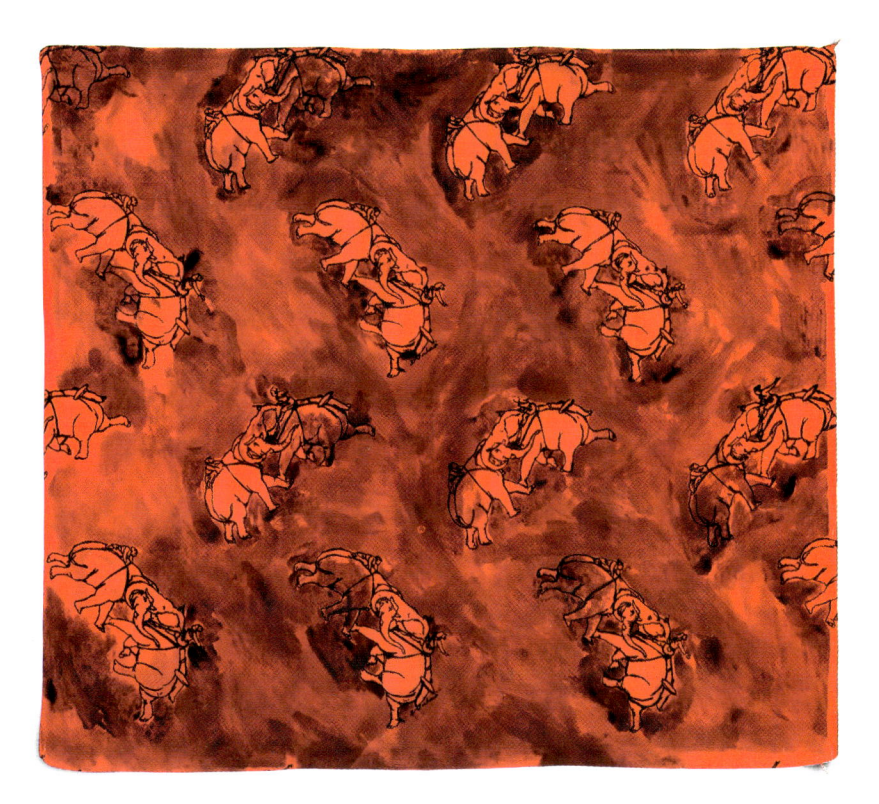

7 Lave la tela con detergente suave y vuelva a enjuagar hasta que el agua salga limpia. Deje secar la tela y plánchela para terminar el trabajo. La tela teñida y estampada ahora está lista para confeccionar la corbata.

Indigo y óxido

MATERIALES
Tintura índigo (hecha con ceniza de soda, agua, hidrosulfito de sodio y granos de índigo)
Shantung de seda
Detergente líquido suave
Cinta adhesiva de pintor
Hilo de nylon fuerte
Cristales de sulfato ferroso
Agua
Sal de potasio para negro rápido
Acondicionador de telas

EQUIPO
Mascarilla protectora
Balde con tapa
Película autoadhesiva
Plancha
Guantes de goma
2 pinceles

EL ÍNDIGO DEBE SER la tintura más universal y una de las más misteriosas. Aparte del aroma dominante, nada supera la extraña alquimia que se produce entre el índigo y el oxígeno, que transforma una tela sencilla y blanca en uno de los azules más celestiales. Es también uno de los ingredientes de tintura más inocuos, así como el sulfato ferroso (óxido, si se quiere otro nombre) y la sal de potasio para negro rápido.

En África, se dibujan atractivos diseños sobre la tela con pasta de mandioca para repeler la tintura, evitando que penetre la fibra; en Malasia, se dibujan complejos diseños en cera con un instrumento parecido a una lapicera llamado tjanting. Nuestro proyecto ilustra una sofisticada versión de teñido con nudos inspirado en su mayor parte en los artículos textiles japoneses y no en los teñidos psicodélicos que se hacían durante los años sesenta. En general, el teñido con nudos es una técnica que debe adoptarse con extremo cuidado. En la India, los encargados de teñir telas realizan miles de nudos diminutos en diseños tradicionales, como puede ser una delicada constelación de fuegos artificiales, y el efecto final es soberbio. Esto requiere tiempo y años de experiencia, cosa que no poseen la mayoría de los aficionados. Sin embargo, el teñido de una tela con nudos, para formar prolijas rayas, es relativamente fácil y logra un resultado tan original como elegante.

Azules esfumados
Moderna bufanda que combina simplicidad con elegancia. El color azul se oscurece cuanto más se lo sumerge en índigo y se lo expone al aire. Una de las ventajas de utilizar estas tinturas no químicas es que la tela no debe ser hervida ni sometida al vapor para fijar el color, proceso que podría dañar algunas telas finas.

Ataduras para teñir
Las primitivas técnicas de doblar, atar, teñir y pintar dan interesantes resultados impredecibles. Estos ejemplos muestran la sutil gama de colores que puede lograrse con sólo tres sustancias de teñir.

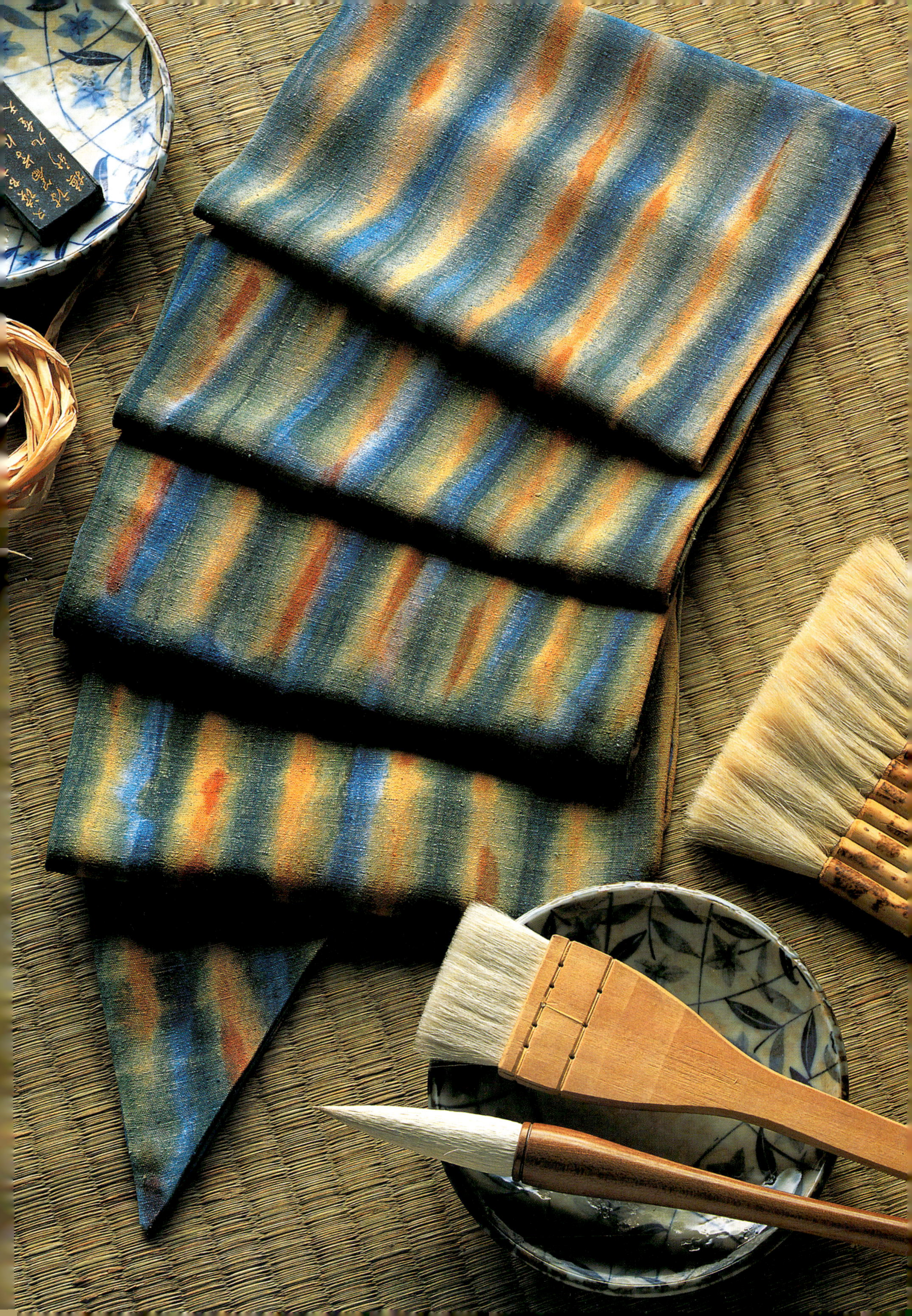

PINTURA Y TEÑIDO

Teñido de sedas

La tintura con índigo no es para los impacientes o las personas muy fastidiosas. Representa un proceso orgánico, terrenal, que es amable con el planeta y posee una magia sin parangón.

Shantung de seda

Tintura índigo, sulfato ferroso y sal de potasio para negro rápido

Cinta adhesiva de pintor e hilo de nylon fuerte

1 Usando mascarilla protectora, prepare la tintura de índigo. Mezcle 40 gr de ceniza de soda en medio balde de agua tibia. Revuelva echando 20 gr de hidrosulfito de sodio y 20 gr de granos de índigo. Llene el balde con agua caliente, cubra con película adhesiva y tape, y deje reposar dos horas. Lave el shantung de seda con detergente suave. Una vez seco, plíselo en pliegues de 5 cm de ancho. Planche a lo largo de los dobleces.

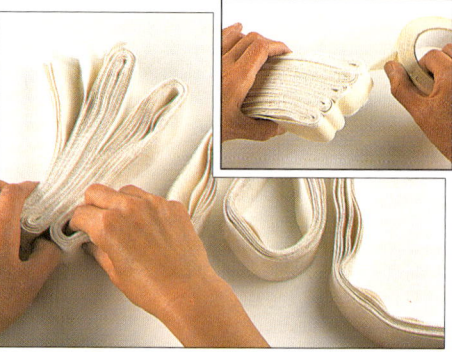

2 Doble la tela plisada en forma de serpiente hasta formar un atado de pliegues de alrededor de 15 cm de largo. Envuelva cinta adhesiva de pintor alrededor de los bordes externos del atado, para sujetar las secciones dobladas.

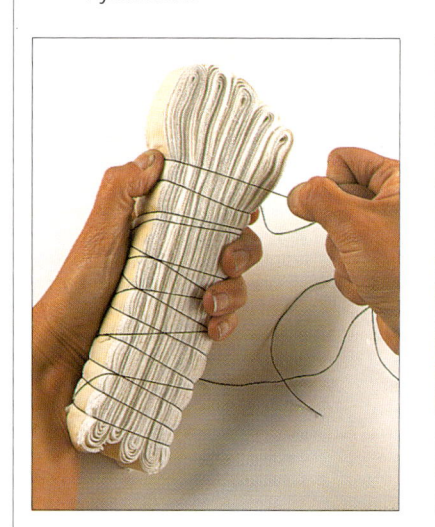

3 Comenzando por el centro, ate el atado encintado con hilo de nylon fuerte, envolviéndolo varias vueltas en todo el largo, dejando entre hebra y hebra alrededor de 12 mm. Ate los dos extremos del hilo para asegurar. Cuanto más fuerte se aten los extremos del hilo, más pronunciado será el diseño.

4 Con guantes de goma, sumerja la tela atada en el balde de índigo y déjela allí 10 segundos. Después retírelo durante 2 minutos y, en este tiempo, la tintura se tornará completamente azul. Sumérjala durante otros 10 segundos y vuelva a retirarla.

5 Desate el hilo y desenvuelva la cinta adhesiva de la tela. Abra la tela para dejar al descubierto el impresionante cambio de color. La tela estará cubierta de brillantes rayas amarillas durante unos pocos segundos, hasta que la tintura reaccione con el oxígeno del aire.

INDIGO Y OXIDO

6 Después de transcurridos unos segundos, el color de la tintura cambiará a verde y después, unos segundos más tarde, lo hará al azul. El cambio de color de amarillo a azul sólo tarda 30 segundos. Deje secar la tela, enjuáguela y deje que vuelva a secarse. Después, vuelva a plisar la tela, esta vez en ángulo. Repita los pasos de atar, sumergir y enjuagar.

7 Retuerza la tela para eliminar el exceso de agua y colóquela sobre una superficie plana. Mezcle 10 gr de cristales de sulfato ferroso con 500 ml de agua caliente para disolver dichos cristales. Pinte rayas de solución de sulfato ferroso sobre la tela mojada; esto tornará la tela amarilla. Mezcle 5 gr de sal de potasio para negro rápido con 500 ml de agua fría para crear una solución de color azul y pinte rayas sobre la tela, que producirá colores borravino.

8 Deje secar la tela, después enjuague primero con agua fría y luego con agua caliente. Lávela con detergente líquido suave y enjuague hasta que deje de echar color. Dé a la tela un enjuague final con acondicionador de telas y deje que se seque. Ahora está lista para confeccionar la bufanda.

PINTURA Y TEÑIDO

La magia del terciopelo

MATERIALES
Terciopelo de seda
Cinta adhesiva de pintor
Tinturas ácidas
Agua
Tintura decolorante
Detergente suave

EQUIPO
Tela natural absorbente
Pincel de pintor
Secador de pelo (opcional)
Pantalla con fotoesténcil
Rodillo de goma
Esponja
Botella plástica con boquilla
Aplicador de plástico para decolorar
Alfileres
Tela de forro
Máquina de vapor
Plancha

UNO DE LOS MÁS GRANDES PLACERES de pintar telas es que no siempre se puede prever con exactitud cuál será el resultado final; este almohadón de terciopelo de seda es un ejemplo. Su brillante base de color se ve enriquecida por varias capas de rojos más cálidos cercanos al tono y por atrevidos realces en negro que ayudan a un definido contrapunto. La tela en esta etapa es poderosa pero el efecto, de alguna forma, denso, y es allí donde la magia de la tintura decolorante entra en acción. La fermentación de esta tintura tiene lugar durante la aplicación de vapor.

Las tinturas decolorantes no son agradables de utilizar y, como con todas las tinturas, debe tener precaución cuando trabaje con ella y aspire las emanaciones. El esfuerzo, sin embargo, bien vale la pena, con el emocionante resultado que de otra manera no podría lograrse. Los puntos y cuadrados decolorados en color galletita conforman un perfecto aunque inesperado contraste con el resto de los colores.

Uno de los atractivos del poderoso diseño de la tela se basa en el uso que hace de formas geométricas simples que se superponen con gran definición. No obstante, su mayor atractivo deriva del uso de una paleta de colores fuerte aunque relacionada. Las limitaciones consideradas con cuidado resultan estéticas así como también económicamente más efectivas.

Bien mullido
El terciopelo de seda atrapa la luz de una manera fascinante: posee una aureola de brillo que contrasta con las sombras oscuras. Los colores brillantes y saturados se entrecruzan con sobrecargada intensidad. ¡Vaya en busca del brillo!

Azules nostálgicos
Los anaranjados no son los únicos colores; los cielos nocturnos y los mares tormentosos sugieren alternativas. Además los almohadones no son los únicos proyectos: piense en chales y bufandas sinuosas y cargadas de suntuosidad.

34

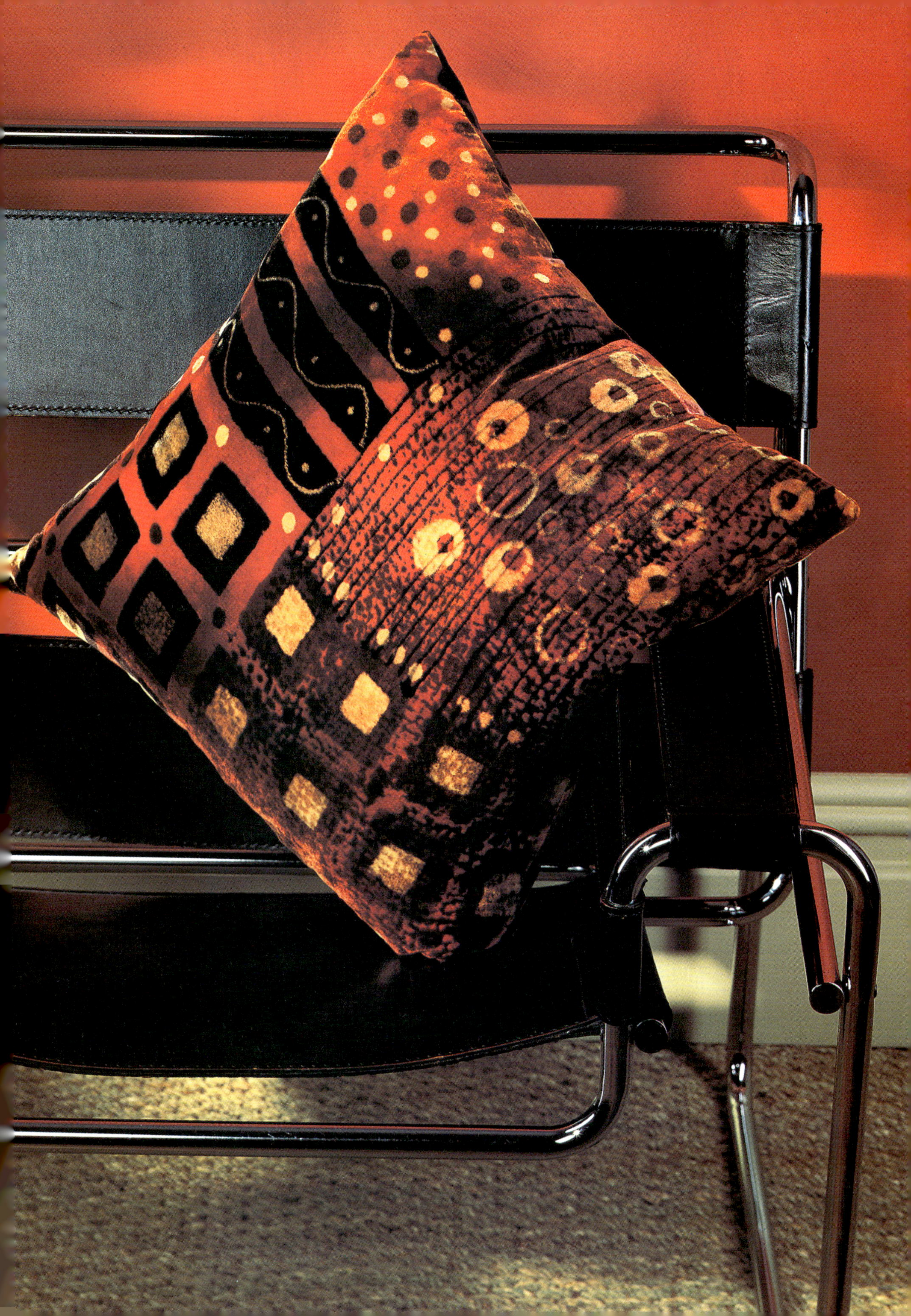

PINTURA Y TEÑIDO

Pintura de terciopelo

Esta funda de almohadón resulta simplemente fabulosa, con cierto equilibrio entre lo formal y lo espontáneo. Copie este diseño y tendrá un almohadón del que estará orgulloso, y tendrá montones de ideas para diseños y colores alternativos.

Shantung de seda

Tinturas ácidas

Cinta adhesiva de pintor y tintura decolorante

1 Extienda un trozo de terciopelo de seda (con el pelo mirando hacia arriba) encima de una tela absorbente, sobre la superficie de trabajo y asegúrelo con cinta adhesiva. Con un pincel de pintor, pinte con tintura ácida anaranjada sobre la tela en un diseño abstracto, dejando algunas áreas de la tela sin pintar.

2 Pinte tintura roja que se superponga con el color de base, cubriendo más del terciopelo. No importa si los colores se mezclan. Como la tela es bastante gruesa, los colores no se correrán tanto como si la tela fuera fina. Cualquier mezcla de colores agrega atractivo.

3 Continúe colocando capas de color sobre el terciopelo, esta vez utilizando un rojo más oscuro. Utilice este color para realzar las formas básicas del diseño, rellenando el fondo. El terciopelo ahora debe estar totalmente cubierto con tintura. Deje que la tela se seque durante una noche o acelere el proceso con un secador de pelo.

4 Con una pantalla que tenga un fotoesténcil geométrico (véase página 28), imprima más bloques de color sobre la tela (véase página 10). Como el terciopelo es grueso, deberá repetir el proceso unas seis veces para una impresión pareja. Levante con cuidado la pantalla para descubrir la imagen impresa. Lave la pantalla con agua fría y esponja.

LA MAGIA DEL TERCIOPELO

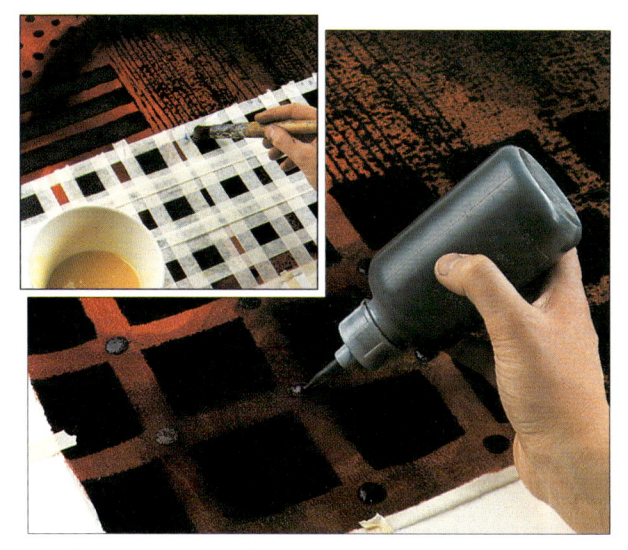

5 Con una botella plástica con boquilla llena con tintura ácida de color negro, trace puntos y líneas sobre la tela, para agregar más adornos. Deje que la tela se seque durante una noche. Cubra parte de la tela con líneas entrecruzadas hechas con cinta adhesiva de pintor. Aplique tintura decolorante sobre el área cubierta por la cinta. Retire la cinta.

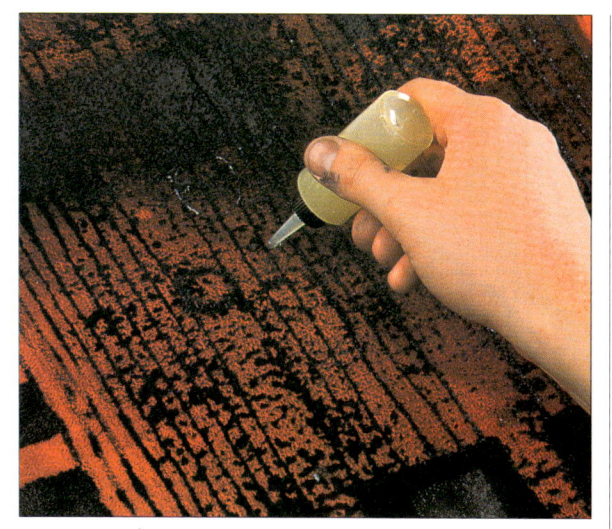

6 Con un aplicador plástico, pinte círculos con tintura decolorante en cualquier lugar de la tela. La tintura decolorante sólo aparece como una mancha mojada cuando se la aplica. Cuando se somete la tela al vapor, el decolorante destiñe el color que hay debajo. Seque la tela con el aire frío de un secador de pelo. Conviene aplicar el vapor a la tela el mismo día.

7 Sujete el terciopelo con alfileres sobre una tela de forro y enróllelo con la tela adentro para evitar que los colores se corran. Aplique vapor durante una hora para fijar las tinturas; deje que se seque. Lave la tela con agua fría y detergente suave; enjuague hasta que el agua salga limpia. Cuando esté seca, plánchela del revés.

PINTURA Y TEÑIDO

Ideas para inspirarse

Ahora que ha probado las bases de la pintura de telas y se ha dado cuenta de las tremendas posibilidades que se abren ante usted, está preparado para sumergirse en la paleta y manejar el pincel para deleitarse con una fantástica orgía de puntos, giros y garabatos sobre su tela favorita, sea esta una bufanda de pura seda o una alfombra de loneta rústica. Estas coloridas creaciones pueden ofrecerle inspiración para divertirse y experimentar con pinturas y tinturas.

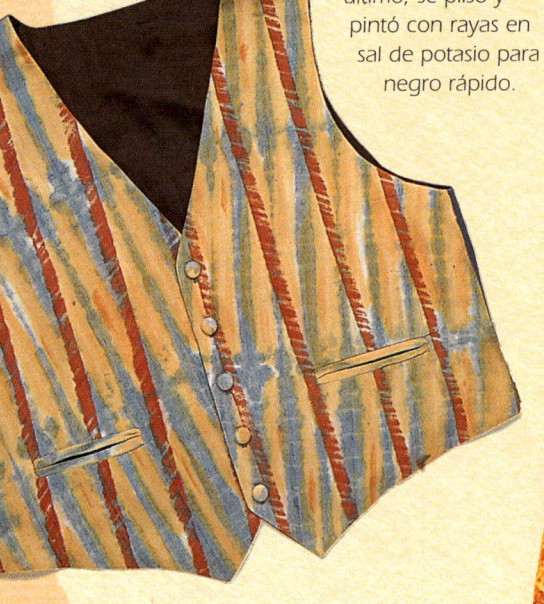

▼ **Rayas finas de óxido**
Para lograr las capas de rayas de color, la seda de este chaleco se dobló, ató y sumergió en sulfato ferroso, después en tintura índigo. Por último, se plisó y pintó con rayas en sal de potasio para negro rápido.

▼ **Los almohadones del café**
El texto que se lee en estos almohadones proviene del menú de un café holandés. Las letras, fotocopiadas a distintos tamaños, se calcaron sobre la tela de algodón natural encima de una caja liviana, usando acrílico de color verde y un pincel de artista.

IDEAS PARA INSPIRARSE

◀ **Motas impactantes**
Esta atractiva bufanda de terciopelo de seda se pintó primero a mano con un rico color borravino, tintura reactiva a las fibras de agua fría para lograr el fondo con textura y después se imprimió con esténcil encima con motas realizadas con tintura decolorante.

▶ **Plisado diminuto**
Un corte de organza de seda se tiñó con una combinación de tinturas ácidas de brillantes colores y tintura decolorante, después se realizó un plisado pequeño y se volvió a teñir para lograr un efecto de múltiples capas de color.

▲ **Chal otoñal**
Realizado con un cuadrado de lana fina, este chal se pintó simplemente con bandas de tintura ácida de cálido color bermejo, anaranjado y marrón. Se utilizó un pincel de pintor grande para aplicar los distintos colores.

▲ **Chifón pintado**
Un chifón sencillo de color crema se transformó con el agregado de tinturas ácidas de color anaranjado y rojo, pintadas en un complicado diseño de motas y bloques geométricos.

◀ **Hule de cítricos**
Inspirado en las naranjas, este hule para el suelo se pintó primero con una capa base, después se pintó a mano con pinturas al óleo; las naranjas se imprimieron con esténcil. Una capa de barniz selló el hule.

PINTURA Y TEÑIDO

◀ **Garabatos suntuosos**
El vibrante diseño de garabatos, motas, remolinos y líneas irregulares sobre esta bufanda confeccionada con un rico terciopelo de color se ha realizado con tintura decolorante, usando una combinación de técnicas de pincel y esténcil de seda.

▶ **Sueños de seda**
Una funda de duvet de seda de color blanco tiene pintado un misterioso paisaje, realizado con tinturas reactivas a las fibras y mezclada con un agente para espesar. El diseño se aplica en varias capas para lograr el fino escalonamiento de colores.

▶ **Satén en rosado fuerte**
Este trozo de fino satén de seda se pintó con una combinación de tinturas reactivas a las fibras de agua fría y tintura decolorante mezclada con color, para lograr resultados impredecibles. Como esténcil se utilizó cinta adhesiva de pintor.

▼ **Diseños geométricos**
El diseño ordenado en esta bufanda de terciopelo está conformado por cuadrados y círculos sólidos. El fondo se pintó primero a mano con una tintura reactiva a la fibra de agua fría, después las formas se imprimieron con tintura decolorante y color.

IDEAS PARA INSPIRARSE

▶ **Influencia medieval**
Parte de un magnífico tapiz, este trozo de seda natural se pintó a mano con tinturas ácidas en pasta, antes de ser coloreadas más profundamente con esténcil y técnicas de resistencia.

▼ **Seda impactante**
El almohadón de seda está pintado en colores vivos para lograr una fuerte impresión. Las tinturas ácidas se mezclan con un medio para espesar, a fin de evitar que se corran; se aplicaron con pinceles de varios tamaños: uno grande y redondo para las gotas y uno más fino para el diseño de mayor detalle.

▲ **Moños brillantes**
Estos moños debieron ser planificados con cuidado tanto para la pintura como para su confección. Partiendo de un gran trozo de seda y una paleta limitada de tinturas reactivas a las fibras de agua fría, se pintó un diseño abstracto sobre la tela, teniendo en cuenta dónde estarían los moños en la tela terminada, que luego se cortó para armarlos.

41

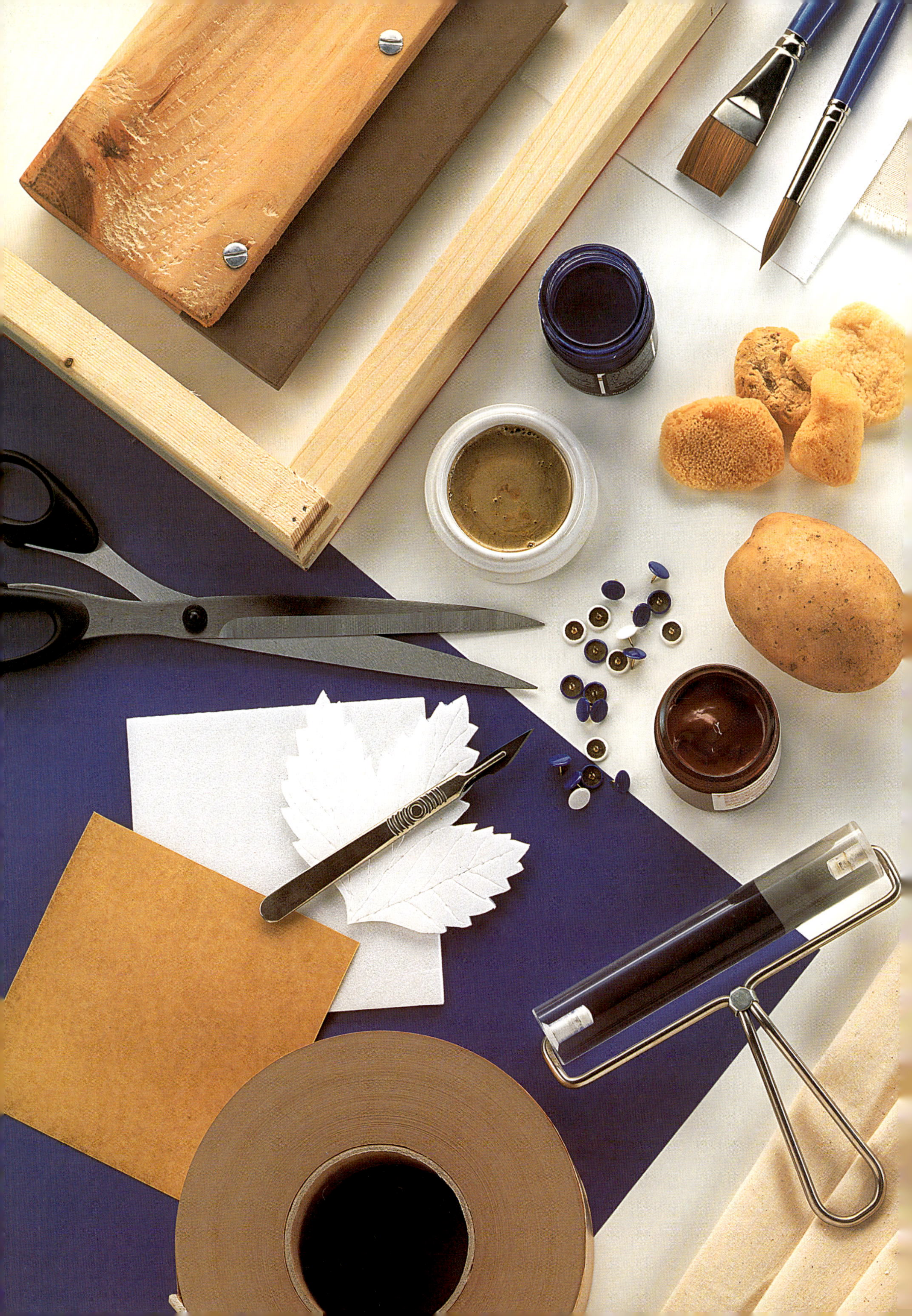

Impresión

....

SI DESEA QUE SU DISEÑO SE REPITA en toda la tela, o si quiere fabricar un conjunto de fundas para almohadones haciendo juego, deberá ser diestro en el arte de la impresión. La serigrafía o impresión con esténcil de seda es el método más común y en ningún caso resulta tan complicado ni especializado como hace suponer el respeto reverencial que algunos le tienen.

Es una de esas técnicas que mejoran y se tornan más fáciles con la práctica. Comience con algo que no sea costoso, como por ejemplo unas fundas de almohadón realizadas en tela de algodón, hasta que se sienta seguro incluso en la tarea de presionar el rodillo de goma y registrar los distintos elementos de su diseño.

Si no desea complicarse con marcos de madera, rodillos y lavados, podrá divertirse practicando esta técnica con una simple papa. Los sellos de papa han crecido y pueden producir textiles que brillen con vivos colores y radiantes diamantes. Como inspiración, eche una mirada a la porcelana esponjosa que fue una vez estampada con papas.

IMPRESION

Blasón en esténcil

MATERIALES
Tela de algodón
Tintas para impresión con esténcil a base de agua
Esténciles ya hechos o cartulina para esténcil

EQUIPO
Selección de esponjas
Plato
Tela absorbente
Trincheta
Plancha

COLORES INTENSOS se utilizan para este grifo pavoneante: un trozo del espectro anaranjado y rojo aplicado con esponja sobre amarillo para el fondo, en tanto que la bestia heráldica en verde brillante crea un asombroso contraste. Estrellas diseminadas enriquecen el fondo y un borde de dorado contiene a todo el diseño.

Otros motivos heráldicos –tales como escudos, flores de lis o exuberantes leones– se prestan bien para este tratamiento. Existen muchos libros sobre el tema, con montones de ideas para los motivos y colores. En lugar del brillo tan particular de esta versión, tal vez prefiera el aspecto sutil y esfumado de antiguos penachos pintados sobre las paredes de un castillo. También podría consultar pinturas famosas para inspirarse. Como alternativa, como la técnica del esténcil se presta para grandes áreas sin demasiada dificultad, podría considerar la idea de decorar un par de cortinas con bordes geométricos o un reborde de ondas de cordón y borlas.

Este es un proyecto fácil y efectivo, que causa gran impacto y, comparativamente, exige poco esfuerzo. El esténcil del grifo heráldico, que está compuesto de tres partes diferentes, es probablemente el aspecto más complicado.

La exuberancia del grifo

Observe las bodas y coronaciones reales o los diseños de Pugin en la Cámara de los Lores para tener una pista de la pompa y circunstancia. Los diseños vivos como en este almohadón se ven bien en grupos y pueden llevar todas las cantidades de borlas y cordones dorados que usted desee agregar.

Un asiento para Su Majestad
Con los colores vibrantes y los toques en dorado, estos maravillosos y exóticos almohadones podrían ser fácilmente la gracia del palacio de un rajá o un detalle de buen gusto en el castillo sobre el lomo de un elefante.

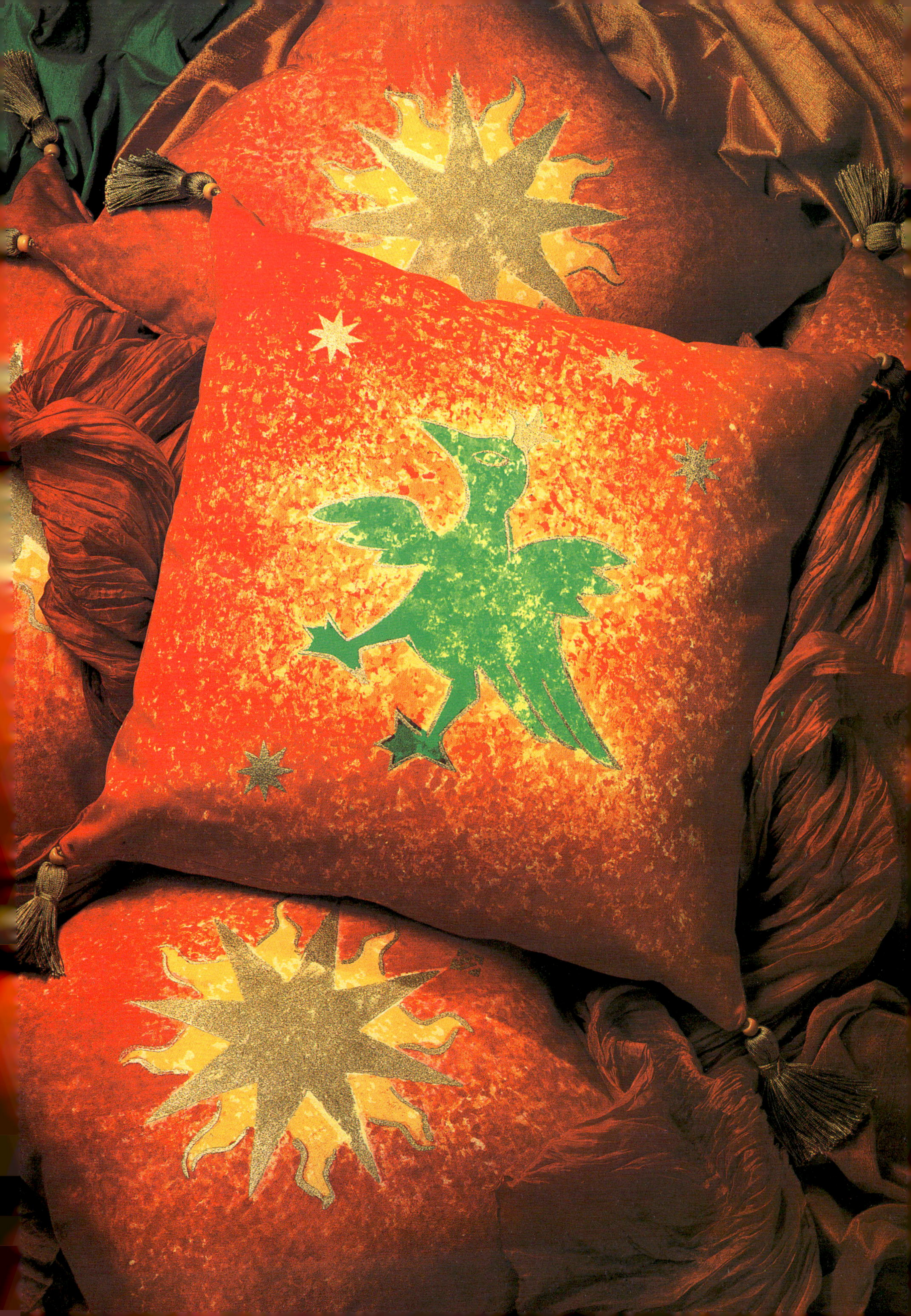

IMPRESION

Cómo esponjar el almohadón

La aplicación con esponja es un método simple para aplicar color a fin de lograr una textura punteada. Aquí las esponjas que utilizamos poseen distinta densidad para conseguir colores masivos o más espaciados.

Tela de algodón

Tintas para serigrafía a base de agua

Esténcil

1 Coloque la tela de algodón sobre la superficie de trabajo. No hay necesidad de sujetarla con cinta adhesiva. Simplemente manténgala en su sitio mientras aplica el color a toda la superficie con tinta de impresión para serigrafías diluida. Sumerja una esponja natural en tinta, elimine el exceso sobre el borde de un plato, después pase la esponja sobre la tela, avanzando en dirección opuesta a usted. Seque la tela levemente con una tela absorbente; deje secar. Enjuague la esponja.

2 Tome un esténcil ya hecho o recórtelo en una cartulina para esténciles (la cartulina está impregnada con aceite de linaza). El esténcil que aquí usamos es el de un grifo. Colóquelo en el centro de la tela seca. Sumerja una esponja natural de textura abierta en tinta anaranjada, elimine el exceso de tinta sobre un plato, después con leves toques pásela por toda la tela, dejando que se vea algo del color de fondo. Seque la tela con otra tela absorbente. Enjuague la esponja.

3 Con la misma esponja y aplicando leves toques de tinta roja alrededor del borde de la tela, deje una aureola de tinta anaranjada alrededor del esténcil. Seque con la tela absorbente. Enjuague la esponja y limpie el esténcil.

4 Coloque el esténcil "negativo" (la cartulina en la que se recortó el grifo en el paso 2) sobre la imagen de la tela. Aplique con esponja tinta verde a través del esténcil. Seque la tela, enjuague la esponja y limpie el esténcil.

46

BLASON EN ESTENCIL

5 Tome el esténcil del contorno del grifo y colóquelo encima de la imagen de la tela. Con una esponja sintética de textura cerrada, aplique leves toques de tinta dorada. (Si la textura de la esponja fuera abierta, las líneas no serían parejas.) Seque levemente la tela con una tela absorbente y limpie el esténcil.

6 Recorte el esténcil de una estrella y, con la misma esponja sintética que utilizó en el paso 5, aplique con leves toques tinta dorada sobre el esténcil, alrededor del grifo y a espacios irregulares. Lave bien la esponja y limpie el esténcil.

7 Cuando la tela esté completamente seca, fije las tintas de impresión de serigrafías, planchando la tela durante 2 minutos, con la plancha bien caliente. La tela está ahora lista para poder confeccionar el almohadón.

IMPRESION

Seda traslúcida con hojas

MATERIALES
4 bolsitas de té
Agua blanda
Seda de batik
Papel
Marcador de contornos para seda de color dorado
Poliestireno para impresión en prensa
Pintura acrílica de telas de color dorado

EQUIPO
Balde
Guantes de goma
Plancha
Marco
Chinches
Lápiz
Fotocopiadora
Lapicera de fibra blanda
Trincheta
Rodillo de impresión
Bandeja para pintura
Cinta adhesiva de pintor

EL AGUA BLANDA Y EL TÉ en bolsita constituyen una fórmula básica que puede rescatar una tela nueva o frágil de los blancos intensos o los colores demasiado fuertes que se enfrentan en una verdadera batalla. Si duda, pruebe con una esquina de la tela antes de comprometer un corte que sea irremplazable. Al haber sido aplacada con té, esta seda se decoró con delicados contornos de hojas usando un marcador color dorado; después, el diseño se completó con hojas de fresno impresas en dorado. El efecto es refinado y etéreo; el cuidadoso trazado se ve retribuido por un acabado profesional convincente. Debido a que este es, en algún sentido, un diseño orgánico que puede repetirse con variaciones mínimas en toda la tela, resulta ideal para cortinas o vaporosas faldas y camisas de seda. La repetición exacta no es necesaria. La irregularidad es parte del encanto.

Cualquier diseño en blanco y negro, aunque complejo, puede ampliarse y calcarse, mientras que los diseños simples pueden estamparse con bloques. Se pueden explorar diferentes colores de tintura y marcadores para seda que se adapten a su deseo; pruebe el colorado y dorado sobre rosado, por ejemplo, o un cielo nocturno color índigo con dorado y plata.

Hojas flotantes
Seda traslúcida de suave brillo y suntuosa caída, pintada con hojas doradas esparcidas al azar, resulta perfecta como cortina liviana para el verano o como complemento a la privacidad de las cortinas más pesadas de invierno. Originalmente la seda era blanco brillante, pero el truco tradicional de sumergirla en agua blanda y té le otorgó un sutil color pergamino de toque antiguo.

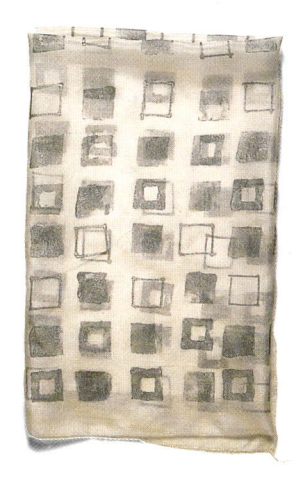

Trío traslúcido
Si se cambia el color de fondo, el motivo de impresión y el color de la tinta, se pueden producir efectos muy diferentes. Una combinación de calcado e impresión, esparcido al azar o a espacios regulares, puede dar por resultado un libre aspecto romántico o la severidad de Bauhaus.

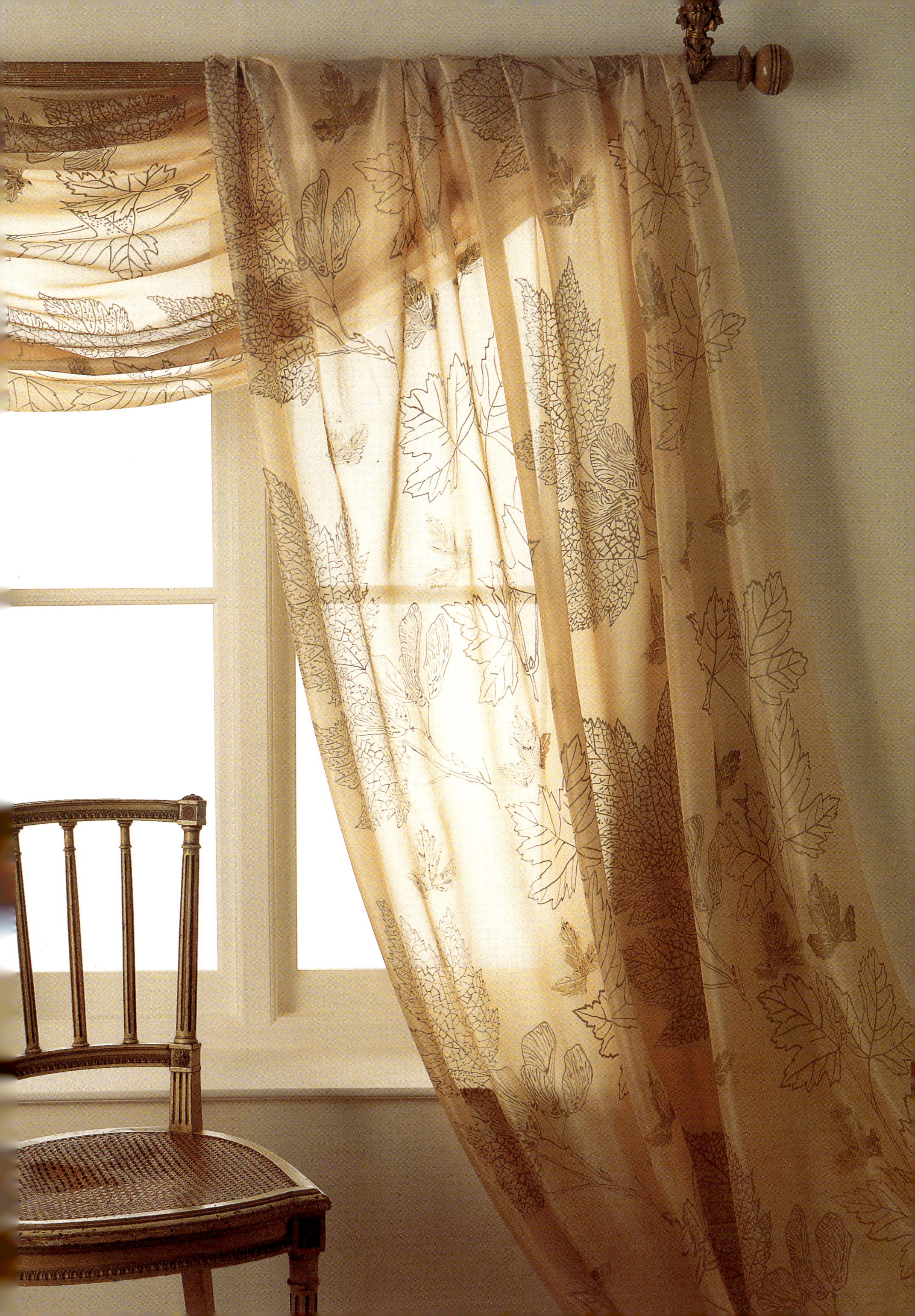

IMPRESION

Cómo decorar la seda

Es esta su oportunidad de explorar tres técnicas –tintura con té, calco con lapicera y estampado con bloques– que pueden combinarse para crear algo grande.

Seda de batik

Bolsitas de té

Agua blanda

Pintura acrílica para telas de color dorado y marcador fino para seda

Poliestireno para impresión en prensa y plantilla de una hoja

1 Coloque cuatro bolsitas de té en un balde y llénelo hasta la mitad con agua blanda hirviendo. Retire las bolsitas de té después de un minuto. Con guantes de goma, sumerja la seda en el líquido y revuelva para asegurarse una distribución pareja del color. Después de 2 minutos, retire la tela y plánchela seca con una plancha a temperatura media.

2 Extienda la tela teñida sobre un marco y sujétela con chinches. Busque o dibuje una imagen que pueda repetir sobre la tela. Fotocópiela al tamaño necesario y colóquela debajo de la seda que está en el marco. Con un marcador fino para seda de color dorado, copie el contorno de la imagen sobre la seda.

3 Rellene los detalles, usando un marcador para seda, a fin de completar el diseño. El diseño aquí es de hojas con nervaduras. Repita el dibujo a mano alzada en todo el largo de la seda.

4 Haga bloques para estampar con una plantilla de papel de una hoja y dibuje alrededor de esta sobre poliestireno para impresión en prensa con un lápiz de fibra blanda. Recorte tres o cuatro con una trincheta.

SEDA TRASLUCIDA CON HOJAS

5 Con un lápiz, marque al relieve nervaduras y otros detalles en los bloques de poliestireno. Pase un rodillo de impresión por una bandeja con pintura acrílica para telas de color dorado; después páselo hacia arriba y hacia abajo varias veces sobre el bloque de poliestireno, para cargar dicho bloque con pintura y tenerlo listo para estampar.

6 Extienda la seda y asegúrela con cinta adhesiva. Presione el bloque de impresión con firmeza sobre la tela, para estampar el motivo de la hoja. Repita para estampar más motivos. Será necesario que cargue con tinta el bloque después de hacer uno o dos estampados. No sobrecargue el bloque ya que la impresión puede mancharse. Lave periódicamente el bloque; deje secar antes de volver a usar.

7 Cuando haya terminado de imprimir, planche cada área de la tela durante 30 segundos, con una plancha bien caliente, para fijar la pintura. No deje de mover la plancha constantemente.

Impresiones con papa

MATERIALES
Tela de algodón blanca
Agua
Tintas para impresión de serigrafías a base de agua
Papa de tamaño mediano

EQUIPO
Cuerda de ropa
Broches
Pincel de pintor
Plancha
Cuchillo pequeño para fruta
Toallas de papel
Tela esponjosa fina y suave
Espátula

EN LO QUE SE REFIERE A EQUIPO DE IMPRESION, no hay nada más básico que una papa. Cualesquiera hayan sido sus experiencias en el jardín de infantes, aquí se demuestra que las impresiones con papa pueden ser fáciles y sofisticadas. No es necesario ser un Van Gogh para que los estampados luzcan bien; usted y sus hijos pueden probar en igualdad de condiciones.

El arte de este proyecto, aparte de ser un diseño básico fuerte y una maravillosa paleta de colores, es el inteligente corte de los diamantes de papa que logran un diseño perfectamente interconectado. Tal vez haga falta cierta práctica. Con el fin de lograr un diseño parejo en toda la tela, como en este caso, la regularidad del estampado es esencial para asegurar que la estrella y el hexágono no tengan vida propia.

Si el proyecto de confeccionar un mantel le asusta, intente usar la misma técnica para hacer una colcha con parches de arco iris, usando un estampado más irregular; haga cada parche de cuadrados no más grande de 15 cm de lado. Puede también comenzar con una funda de almohadón y practicar hasta confeccionar el mantel que haga juego.

Una mesa radiante
Aun en un día gris, este estridente mantel palpita con sol mediterráneo. Los colores se eligieron de un espectro claro y puro para elevar el espíritu cada vez que se los mire. Coloque su mesa debajo de una fronda de viñas y podrá soñar que está en una isla griega. No son muchos los manteles que pueden lograr tal efecto.

Giros de estrellas
Los diamantes –el bloque básico del que estos diseños se componen– tal vez sean los mejores amigos de una joven. Pero, si trabaja con prolijidad desde las líneas centrales hacia afuera, puede colmar la tela de estrellas, cuadrados, círculos, corazones o cualquier otra forma que pueda recortar en una papa.

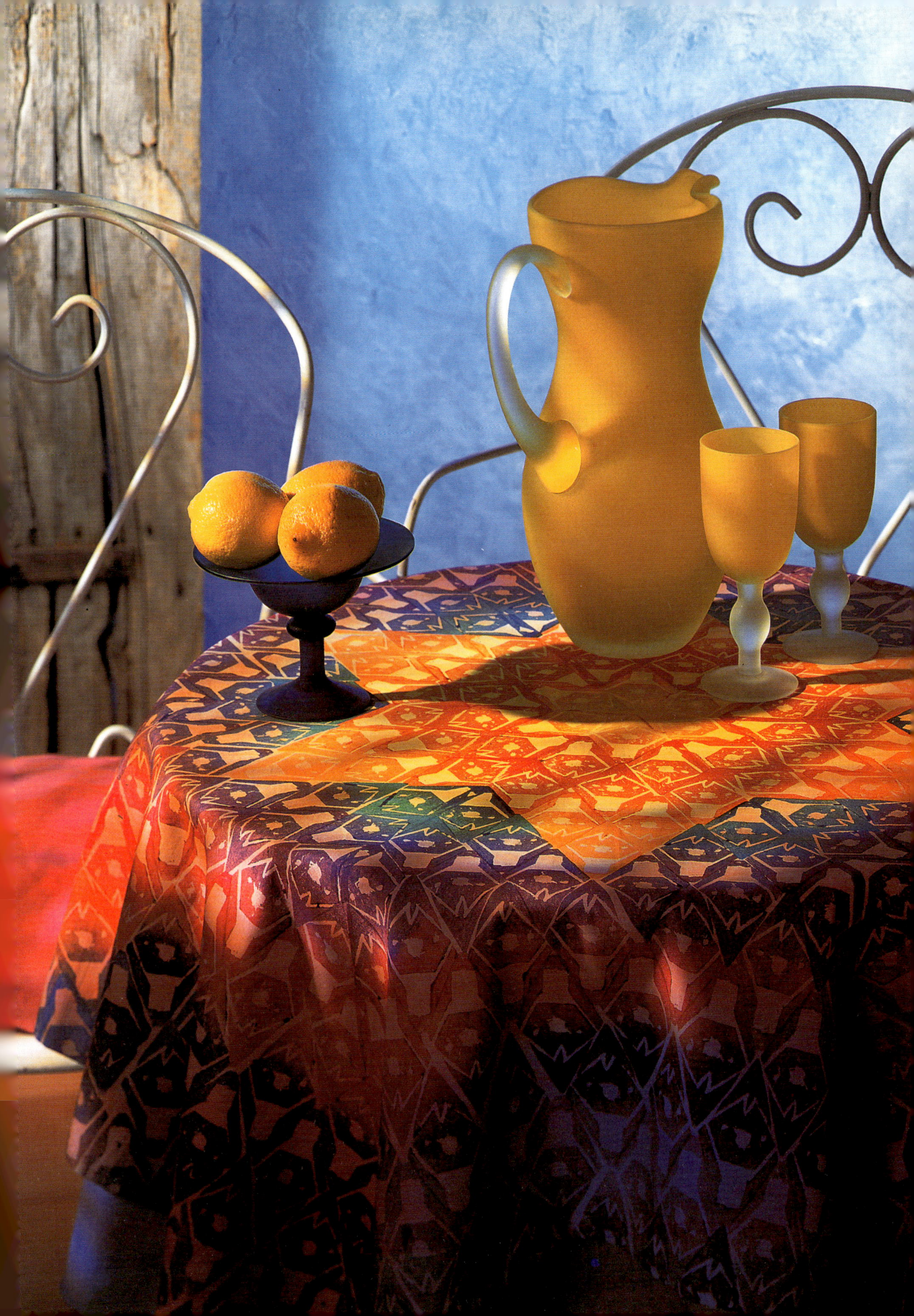

IMPRESION

Pintura e impresión de algodón

Primero, vístase con su ropa más vieja y cubra toda la superficie con papel de diario. Como base para su diseño, anímese a hacer un baño de color informal. Después dedíquese a las papas.

Tela de algodón blanca

Tintas para serigrafías a base de agua

Agua y papa

1 Lave la tela y con broches cuélguela de una cuerda. Con un pincel de pintor, dé pinceladas de tinta de impresión diluida de color amarillo, después de rojo, sobre toda la tela. Los colores se mezclarán, creando un círculo anaranjado.

2 Aplique tinta rosada diluida en las esquinas y tinta azul en los bordes externos de la tela. Cuando la tela esté completamente cubierta de tinta, deje que se seque. Plánchela del derecho con una plancha bien caliente, para fijar las tintas.

3 Con un cuchillo pequeño de fruta, corte una papa mediana por la mitad y talle el diseño en una de las mitades para hacer el bloque de impresión. Cuando estampe con dicho bloque, las áreas en relieve serán las que se vean. Seque la superficie de la papa con una toalla de papel, para absorber el exceso de humedad.

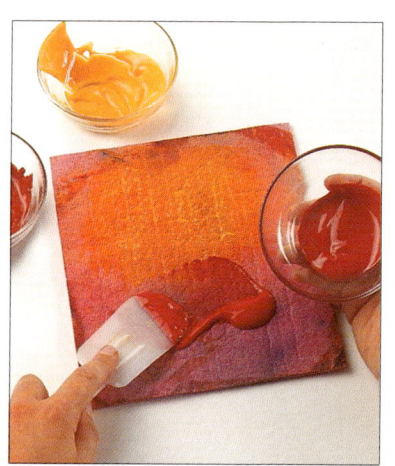

4 Impregne con tinta una tela esponjosa fina y suave, aplicando tinta de impresión para serigrafías en toda la superficie con una espátula, de modo tal que la tinta sea absorbida por la tela. Puede aplicar sobre esta tela, más que un solo parche de color, como en este caso, donde se entinta con amarillo, rosado y rojo.

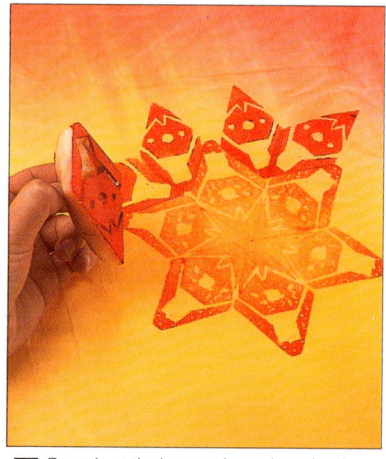

5 Para imprimir, presione la mitad tallada de la papa sobre la tela esponjosa entintada, después sobre la tela pintada. Partiendo del amarillo, después avanzando con el rojo, forme el diseño de una roseta en el centro de la tela. Levante la papa con cuidado una vez que haya hecho la impresión, para evitar las manchas.

IMPRESIONES CON PAPA

6 Trabajando alrededor de la roseta central, continúe completando el diseño con diferentes colores. Será necesario que vuelva a entintar continuamente el bloque de papa cada dos o tres impresiones. Presione fuerte sobre la papa para lograr una impresión definida y marcada. Si nota que la papa se ablanda y que los bordes se ven borrosos, reemplácela por la otra mitad de la papa, teniendo cuidado de tallar exactamente el mismo diseño que antes.

7 Continúe formando el diseño, ampliando la roseta hacia los bordes de la tela. Cambie de un color al siguiente, cuando comience un nuevo círculo. Aquí, el azul cambia a violeta alrededor del borde de la roseta.

8 Cuando haya completado el diseño, deje que la tela se seque completamente durante 24 horas. Plánchela dos veces, del derecho y del revés, con la plancha bien caliente, para fijar las tintas. La tela está ahora lista para que pueda confeccionar el mantel.

IMPRESION

Serigrafía de caracolas

MATERIALES
Motivos fotocopiados
Acetato
Papel de diario
Cinta marrón engomada
Remera de algodón
Tintas de impresión de serigrafía a base de agua
Agua

EQUIPO
Fotocopiadora
Lapicera de fibra negra
2 pantallas
Cinta adhesiva de pintor
Trincheta
Toalla
Cuchara sopera
Rodillo de goma
Esponja
Plancha

TODO EL MUNDO USA REMERA en algún momento: es la respuesta universal a la elegancia diaria. Resulta sorprendentemente simple personalizar una remera para adaptarla a una persona u ocasión en particular, siendo las únicas limitaciones el tamaño de la imagen y el esténcil. El motivo repetido de una sirena sobre esta remera es una manera barata de aprovechar el proceso. Los motivos de caracolas provienen de un libro de grabados victorianos.

Una vez dominado el proceso básico de transferir imágenes gráficas a la tela, está en condiciones de sumergirse en una variedad de fuentes de dibujos lineales en blanco y negro para las imágenes. Los catálogos con tipos de letras, por ejemplo, pueden producir maravillosas frases, en tanto que la reproducción de catálogos victorianos muestran todo, desde remolachas forrajeras hasta máquinas de picar carne. Lo destacable sobre la impresión con esténcil de seda es que, gracias a la existencia de los fotoesténciles, se pueden reproducir imágenes complejas y bien definidas y repetirlas con tanta frecuencia como lo desee. Toda su familia puede reunirse en una remera, imprimiendo el lema familiar en rojo, negro y dorado; o podría tal vez imprimir un mensaje amargo para la mañana del lunes con el cual saludar al mundo del trabajo.

Remera playera
Nada trae más a la memoria la playa que un puñado de bivalvos y caracolas. Estos poseen hermosos detalles y se los ha dispuesto con elegancia en forma de collar alrededor del cuello y las mangas de una simple remera blanca.

Ráfaga de colores
Estos simples bloques de color sobreimpresos con un motivo repetido producen un fuerte impacto sobre esta simple remera de mangas largas.

56

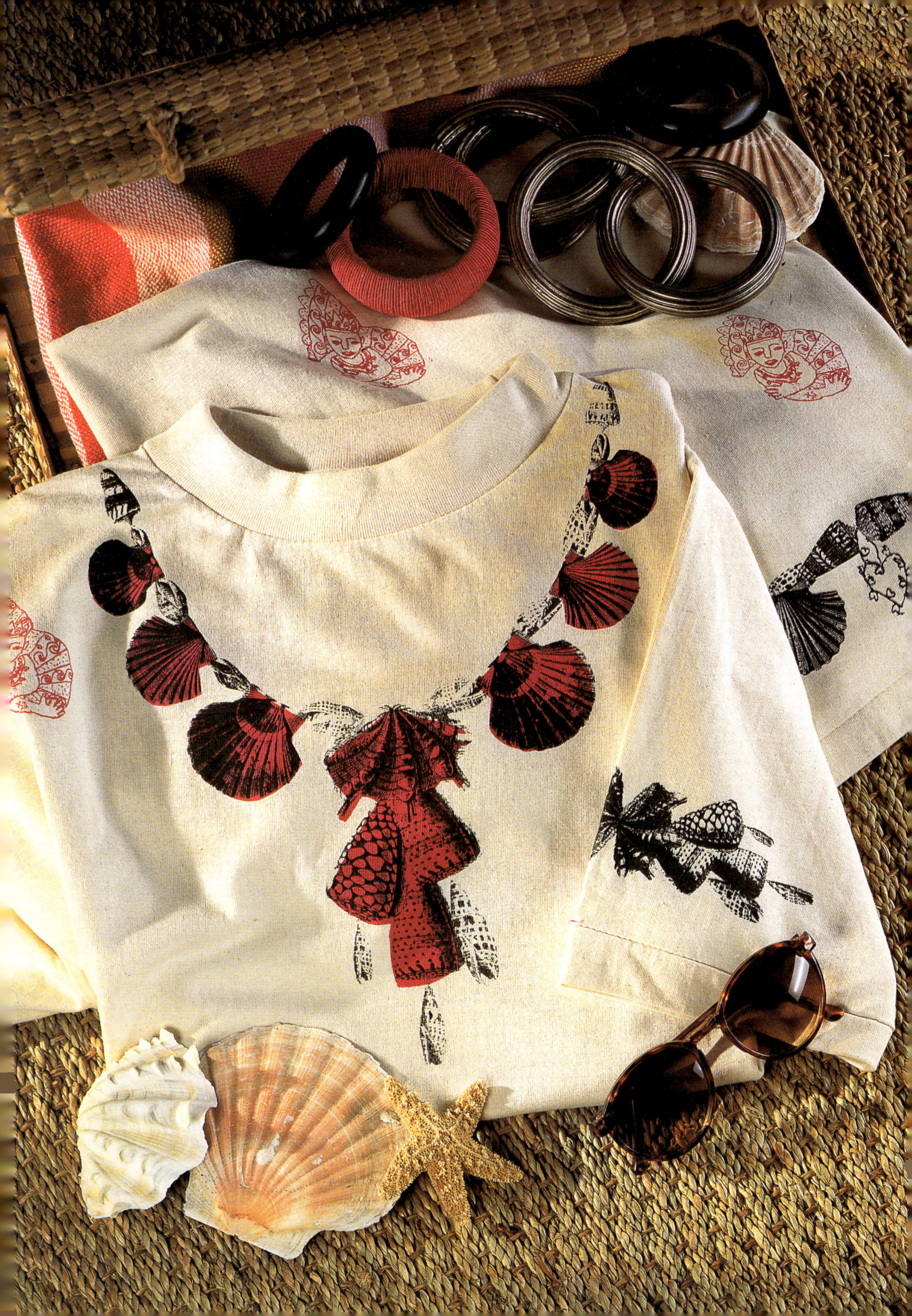

IMPRESION

Impresión de remeras

La impresión con esténcil de seda no es una técnica difícil de manejar. Las remeras lisas son baratas y fáciles de conseguir, con el agregado de que vienen confeccionadas en toda la gama de colores; simplemente confeccione o compre el esténcil (ver página 11) y disfrute de la tarea.

Remera de algodón

Motivos fotocopiados

Acetato y papel de diario

Cinta marrón engomada

Tintas de impresión de serigrafías a base de agua

1 Disponga los motivos fotocopiados en un diseño de su agrado. Aquí, el motivo de caracolas se repite para formar un collar. Fotocopie el diseño sobre acetato (ver página 10) y retoque la copia con una lapicera con punta de fibra de color negro. Lleve el acetato y la pantalla a una imprenta para que le transfiera el diseño fotográficamente a la pantalla, a fin de hacer el fotoesténcil.

2 Una vez que tenga la pantalla con el fotoesténcil grabado, puede crear un esténcil de papel para usar con él, el cual le permitirá imprimir un color de fondo antes de imprimir los contornos con el fotoesténcil verdadero. Pegue con cinta adhesiva papel de diario sobre el fotoesténcil de la pantalla. Coloque la pantalla contra una luz y calque alrededor del diseño con una lapicera de fibra.

3 Retire el papel y recorte las formas con una trincheta. Trabaje con el plano del filo para no romper el papel. Coloque la segunda pantalla hacia abajo, en contacto con la superficie de trabajo; pegue cinta engomada humedecida alrededor de los bordes de la malla y del marco de madera (ver pág. 10). Dé vuelta la pantalla; coloque el esténcil de papel sobre la malla y pegue con cinta adhesiva los bordes hacia abajo.

4 Forre la remera con varias capas de papel de diario para evitar que la tinta penetre las dos capas de tela. Coloque una toalla y hojas de papel de diario sobre una superficie plana; coloque la remera encima y asegúrela con cinta adhesiva. Apoye el esténcil sobre la remera, en contacto con el área donde desea imprimir el diseño. Con una cuchara, vierta tinta color magenta a lo largo del borde superior del esténcil de seda.

SERIGRAFIA DE CARACOLAS

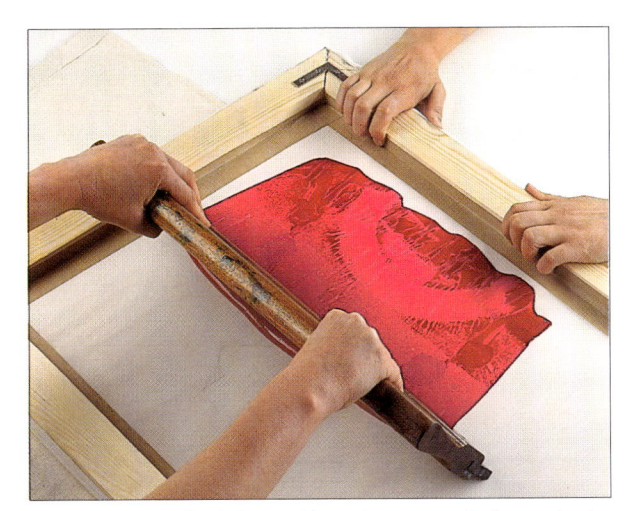

5 Mientras realiza la impresión, tal vez necesite la ayuda de alguien para sostener el marco del esténcil de seda. Comenzando por el extremo más alejado, lleve hacia usted el rodillo de goma (ver página 10), con firmeza y en forma pareja por encima de la tinta. Con cuidado, levante el esténcil para dejar a la vista la imagen impresa en la remera. Lave bien el esténcil con agua fría y esponja. Si deja que la tinta se seque, la malla se llenará de obstrucciones tornándola inservible.

6 Tome la pantalla con el fotoesténcil grabado y colóquela hacia abajo, en contacto con la superficie de trabajo. Pegue cinta engomada húmeda alrededor de los bordes de la malla de la pantalla (véase pág. 10). Emplace el esténcil de seda encima de la remera, asegurándose de que el fotoesténcil se alinee con la imagen del esténcil de papel que ya está impreso. Vierta con cuchara tinta negra sobre la malla y pase el rodillo de goma, como lo hizo anteriormente para imprimir la imagen. Lave bien la pantalla.

7 Repita el proceso para imprimir todos los motivos que sea necesario para el diseño. En este caso, los motivos de la sirena fueron impresos para ampliar el tema de la playa. Por último, planche la tela durante varios minutos con una plancha bien caliente, a fin de fijar las tintas.

IMPRESION

Seda brillante como papel picado

MATERIALES
Papel
Crêpe de Chine/georgette de seda con trama a rayas satinadas
Cinta adhesiva de pintor
Tinturas reactivas a las fibras de agua fría
Linóleo
Tintura decolorante

EQUIPO
Lápiz o pinturas
Tela absorbente
Pincel de artista
Máquina de vapor
Herramienta para cortar linóleo
Rodillo de impresión
Bandeja para pintura

ESTA CHALINA DE SEDA es una muestra de los muchos procesos posibles sobre un trozo de tela. Para comenzar, el crêpe de Chine en sí mismo posee lujosas rayas satinadas. Esto luego se entrecruza con líneas de color azul cielo bien definidas, realzadas por deslumbrantes puntos y garabatos, estampados con un bloque de linóleo y desteñidos con tintura decolorante. Con las dos aplicaciones de vapor, tal vez justificadamente uno pueda sentirse de alguna forma acobardado. Pero la prenda terminada posee una delicadeza y encanto irresistibles y, cuando se toma en forma individual, cada una de las etapas es perfectamente manejable. Con todo lo que sucede en un diseño así, no importa absolutamente nada si las rayas son derechas o si los garabatos regulares. El resultado final es un diseño complicado de gran refinamiento, que se mantiene unificado en conjunto por medio de la repetición de diseño hecho por impresión con linóleo.

Esta obra de arte debe realizarse una vez profundizadas todas las etapas de los otros proyectos por separado. Los procesos que implica son demasiado complejos como para aplicarlos a algo más grande que una chalina, pero la caída de la tela elegida y el vívido diseño se adaptarían bien a un chal.

Rayas que brillan
El uso de una tela a rayas satinadas le otorga a esta chalina un comienzo con ventajas. Ya sin adorno, la tela sola luce bien, pero las múltiples capas de color y la filigrana de diseño oscuro la elevan al rango de una joya. En esta chalina puede sobrepintar toda clase de diseños, desde dibujos vistosos hasta punteado.

Honrada y abiertamente
Al principio general de capas de colores, rayas impresas con cinta adhesiva de pintor y un estampado que unifique se le puede ofrecer una infinita gama de variaciones sutiles: no hay dos chalinas que sean iguales. El teñido de la tela de base es otra etapa posible, si desea agregar algo al complejo diseño.

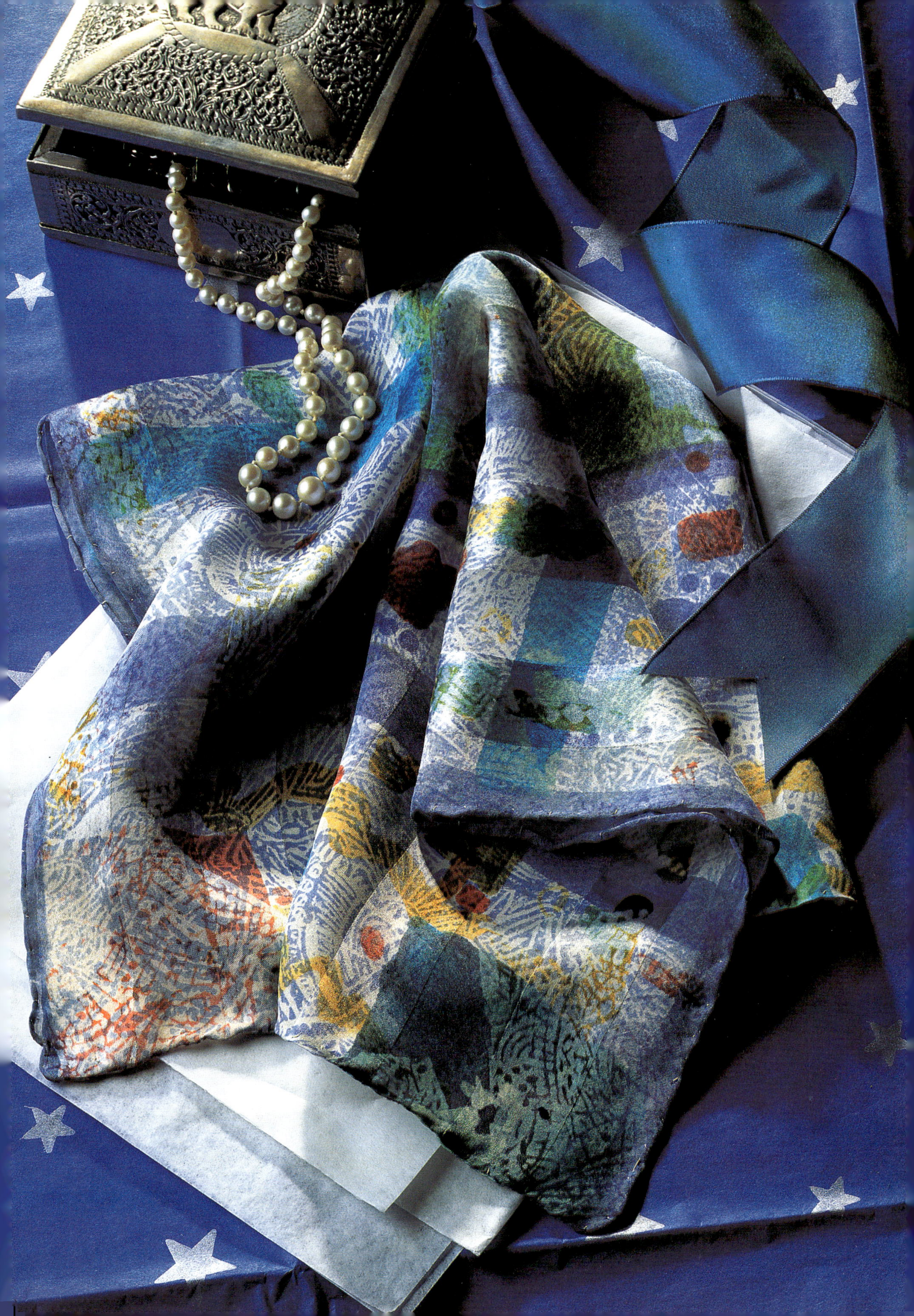

IMPRESION

Pintura e impresión de seda

Este es un proyecto que necesita de tiempo y consideración. Tómelo con cautela y no entre en pánico: la impresión con linóleo unifica de una forma muy efectiva.

Crêpe de Chine/ georgette de seda con trama a rayas satinadas

Tinturas reactivas a las fibras de agua fría

Linóleo y cinta de enmascarar

Tintura decolorante

1 Haga un bosquejo o pinte en papel un diseño para la tela. Extienda la seda satinada sobre una tela absorbente, en la superficie de trabajo y asegúrelas con cinta adhesiva. Pegue tiras de la misma cinta de pintor sobre la seda, para crear líneas y bloques.

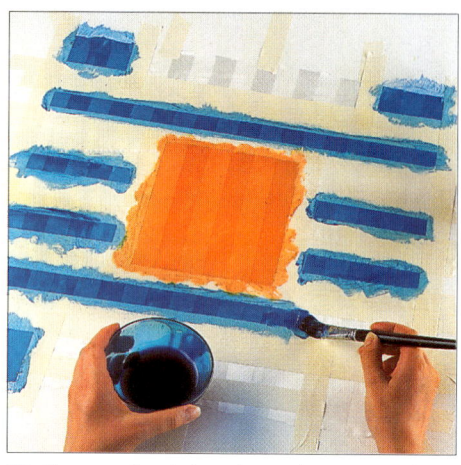

2 Con un pincel de artista y tinturas reactivas a las fibras de agua fría, pinte rayas de color sobre la tela. Estos colores formarán la base del diseño, de modo que deben ser bien marcadas.

3 Retire la cinta adhesiva que formó el diseño (ver página 8), dejando tiras de cinta alrededor de los bordes. Rellene el diseño en las áreas que no se pintaron con garabatos, círculos y puntos de color. Retire la tela de la superficie de trabajo; deje que se seque, después aplique vapor durante 20 minutos para fijar las tinturas (ver página 10).

4 Realice un bloque de impresión con un pequeño rectángulo de linóleo. Utilice herramientas para cortar linóleo, a fin de hacer en relieve las líneas del diseño, cuidando siempre de cortar lejos de usted. Cuando imprima con este bloque, las áreas en relieve serán las que se vean, en tanto que las que se recortaron no aparecerán.

SEDA BRILLANTE COMO PAPEL PICADO

5 Entinte el bloque de linóleo pasando primero un rodillo de impresión por una bandeja con tintura azul marino y después por la superficie en relieve del linóleo. Presione el bloque sobre la seda, después levante con cuidado, para no manchar la impresión. Continúe imprimiendo hasta que haya cubierto toda la seda. Tal vez deba entintar el bloque después de realizar dos o tres impresiones. Deje secar la tela, aplique vapor durante 20 minutos, para fijar la tintura.

6 Aplique tintura decolorante sobre la superficie de la seda para decolorar los colores ya aplicados y crear otra de las capas del diseño. En este caso, esta tintura se aplica con el bloque de impresión sobre toda la tela, para después pintar en el centro el motivo de un animal.

7 Fije la tintura decolorante aplicando vapor a la tela durante un máximo de 10 minutos. La tela está ahora lista para transformarse en una chalina.

Lona para la playa

MATERIALES
Papel
Líquido fotográfico opaco
Acetato
Lona de algodón
Cinta marrón engomada
Tinta de impresión para telas a prueba de agua
Agua

EQUIPO
Material de referencia
Lápices o pinturas
Fotocopiadora
Pincel de artista
Esponja
4 pantallas
Tela absorbente
Cinta adhesiva de pintor
Cuchara sopera
Rodillo de goma
Secador de pelo
Plancha

UN DISEÑO DE NUEVE PARCHES en cuatro colores fuertes conforman un tema definido en la rústica lona de este sillón Director; el azul, tostado y dorado hacen recordar los colores de la arena y el cielo de la playa. Este modelo es un ejemplo del poder de las limitaciones: cuatro colores son casi lo máximo que se puede utilizar para hacer impresión con esténcil de seda, además de ser suficientes para lograr un efecto visual. Este diseño semiabstracto puede repetirse infinitamente en un cuarteto de colores que a usted le gusten. La simplificación del diseño logra su efecto; por ejemplo, se puede utilizar sólo el contorno del ánfora. Después de todo, no tiene sentido ser muy delicado con un asiento que deberá soportar lo suyo con los elementos y sobrellevar manchas de helado y bronceador.

La experimentación en miniatura con una caja de pinturas y pinceles es un buen punto de partida para muchos de los proyectos de este libro. Utilice papel de color si está considerando pintar lona. Al tener delante muchos frascos de tinta de impresión nuevos, la tentación de utilizarlos tal cual vienen será grande. Si se trabaja en escala menor, resulta más fácil entrever las interesantes sutilezas que se logran con la mezcla de colores y el uso de tonalidades levemente excéntricas.

Un asiento para la playa
Lo maravilloso de la impresión con esténcil de seda es que se puede repetir el diseño tan a menudo como se lo desee. En este caso, si siente pasión, podría hacer sillas para toda la familia, así como también un rompevientos y una bolsa de lona haciendo juego del mismo material.

Mecedoras
El mismo diseño, distintos colores y aspecto muy diferente: estos dos asientos para dos sillones Director demuestran cuánto se adapta este método y lo fácil que es otorgarle un toque profesional.

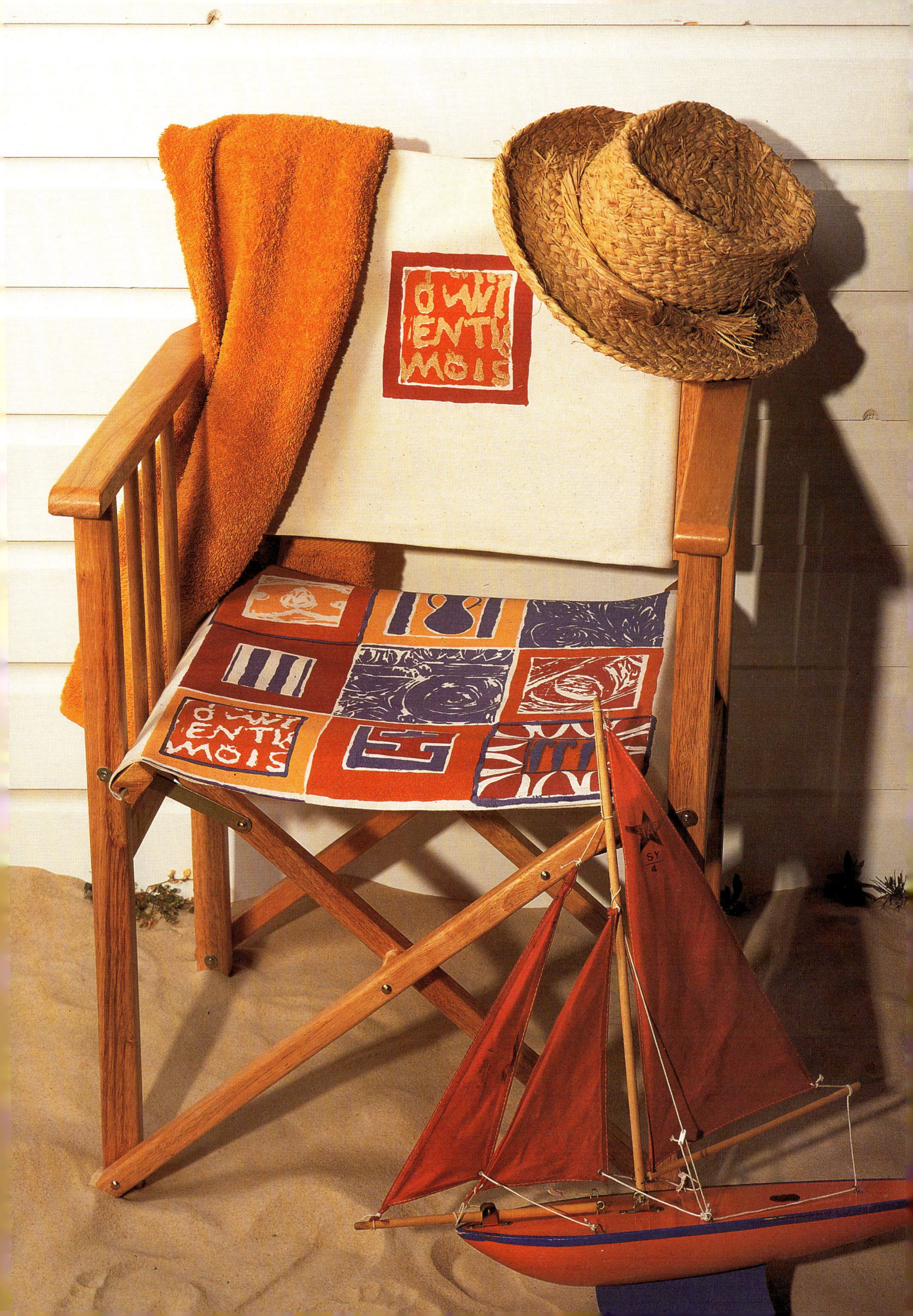

IMPRESION

Estampado de lonas

La lona responde bien a la impresión con esténcil de seda y los colores se adhieren de una forma satisfactoria. Practique todo lo que sea necesario para lograr un acabado liso y parejo.

Acetato, papel y líquido fotográfico opaco

Tintas para telas a base de agua

Lona de algodón

1 Con la ayuda de material de referencia que puede tomar de diversas fuentes, realice bosquejos del diseño para su tela. En esta etapa tal vez podrían ser simplemente formas y colores que le proporcionen inspiración. A medida que juega con ideas, el diseño poco a poco irá tomando forma.

2 Una vez que haya realizado el diseño, fotocopie los bosquejos simplificándolos si fuera necesario y ármelos en un formato más grande. En este caso, los bosquejos pequeños forman la base del diseño grande al incorporar cuadrados con elementos abstractos no habituales.

3 Una vez que terminó el diseño, planifique qué colores utilizar. En la impresión con esténcil de seda, cada color necesita de una pantalla por separado (ver pág. 10), de modo que es aconsejable limitar la paleta de colores a cuatro como máximo. Elija los colores que combinen bien. Si trabaja con precisión en esta etapa, será más fácil preparar el acetato para las pantallas (ver página 10).

4 Con líquido fotográfico opaco, trace cada color del diseño en hojas separadas de acetato. Utilice un pincel de artista para el trabajo de líneas finas o una esponja para lograr un efecto moteado cuando deba cubrir un área grande. Lleve estas cuatro hojas de acetato, junto con las pantallas, a una imprenta para hacer el fotoesténcil de cada pantalla (ver página 10).

LONA PARA LA PLAYA

5 Extienda un trozo de lona sobre una tela absorbente y asegure con cinta adhesiva. Pegue cinta marrón engomada y humedecida alrededor de los bordes de la malla y del marco de madera, sobre cada uno de los cuatro esténciles, para evitar que los excesos de tinta se filtren a la malla. Emplace el primer esténcil sobre la tela. Vierta con cuchara la tinta a lo largo del borde superior del esténcil y pase un rodillo de goma (ver pág. 10) esparciendo la tinta hacia usted, para estampar el diseño sobre la tela (ver página 59). Lave el esténcil con una esponja y agua fría.

6 Seque la tela con un secador de pelo antes de emplazar el siguiente esténcil. Repita el proceso con los otros tres esténciles, alineándolos con precisión sobre la tela cada vez que imprima (ver página 10). Cuando haya estampado los cuatro colores, seque la tela con un secador de pelo, después planche durante varios minutos, con una plancha a temperatura media, para fijar las tintas de impresión.

7 La tela está ahora lista para usar. La lona de algodón es fuerte y resistente al uso, y resulta ideal para usar en fundas de asientos o bolsas.

IMPRESION

Seda marmolada

MATERIALES
Tintura reactiva a las fibras de agua fría
Crêpe de seda satinada
Agua
Papel
Acetato
Cinta marrón engomada
Pasta de tintura para impresión
Tintura decolorante

EQUIPO
Guantes de goma
Balde
Lápiz
Tijeras
Cinta adhesiva de pintor
Fotocopiadora
Esténcil (pantalla)
Cuchara sopera
Rodillo de goma
Esponja
Máquina de vapor
Plancha
Mascarilla protectora
Detergente
Acondicionador de telas

ESTA IMPORTANTE BUFANDA de seda satinada combina tonalidades de verde oscuro tormenta y violáceo, con ondulaciones más pálidas de colores desteñidos. El abstracto diseño en ondas es complicado de reproducir, pero el resultado final bien vale el esfuerzo. El simple truco de girar el fotoesténcil y utilizarlo dos veces logra un diseño marmolado muy efectivo. Incluso podría investigar modelos y colores de mármol genuino, a fin de contar con mayores fuentes de inspiración.

La tintura decolorante es una sustancia emocionante de utilizar y, de algún modo, sus efectos son impredecibles; desteñir algunas áreas es una forma rápida de enriquecer el diseño y de otorgarle un ritmo adicional. Aquí, los tonos son muy parecidos, de modo que el acabado final muestra un moteado sutil. Puede experimentar con colores contrastantes o con tonos diferentes del mismo color para un aspecto modesto, aunque con estilo. No hay límite para la cantidad de capas de color que puede aplicar, simplemente moviendo un poco el fotoesténcil. Un efecto de tanta textura como este puede utilizarse satisfactoriamente en grandes piezas de tela –teniendo sumo cuidado con la referencia de los bordes (ver página 10)– que puede utilizar para confeccionar cualquier cosa, desde cortinas y fundas de almohadones hasta delanteros de chalecos.

Colores melancólicos
Esta discreta y sofisticada bufanda está estampada con excéntricos colores de invierno que resultan perfectos, en un diseño que posee un aire profesional y apacible; sería el complemento ideal para cuero fino y tweed de seda.

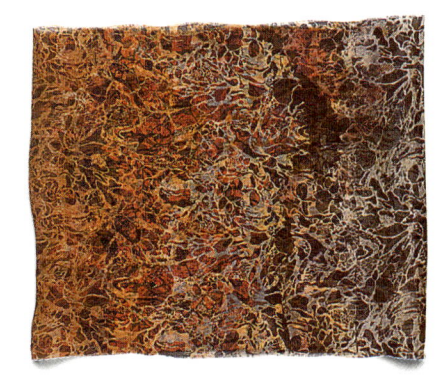

Rico y extraño
Estos apagados colores de la tierra y el sol en satén de seda y gasa recuerdan los abstractos diseños psicodélicos de hace tiempo, pero son definitivamente más refinados. Una vez que haya comprendido el principio del marmolado, todo el espectro será suyo para su imaginación.

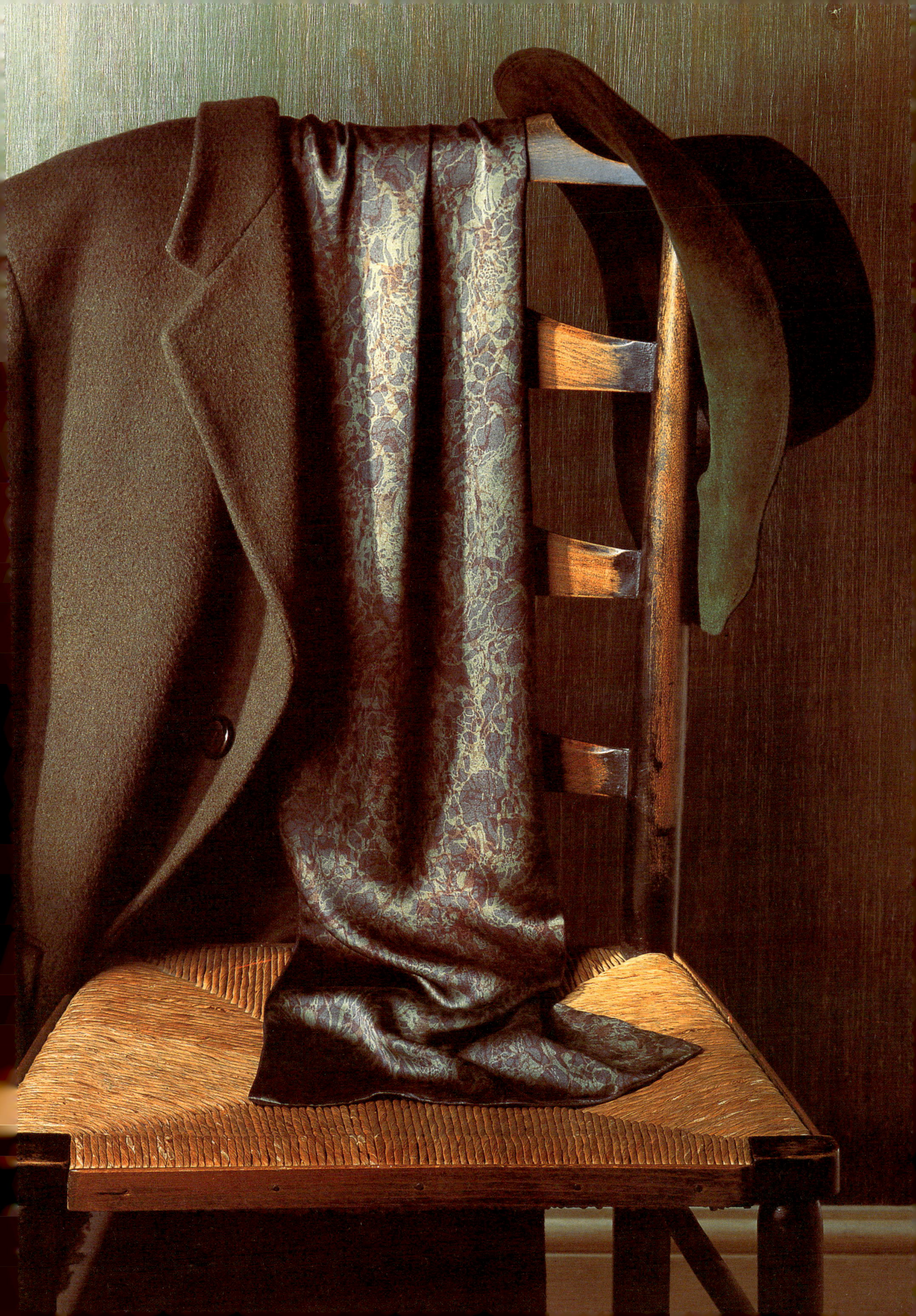

IMPRESION

Impresión de sedas

La impresión con esténcil de seda es cada vez más fácil de usar cuanto más se lo aplica. Comience con telas de bajo costo y prosiga hasta trabajar con suntuosos crêpes y satenes.

Crêpe de seda satinada

Diseño repetido

Tintura reactiva a las fibras de agua fría y pasta de tintura

Tintura decolorante y cinta marrón engomada

1 Mezcle tintura de telas de agua fría en color verde oscuro, siguiendo las instrucciones del fabricante. Con guantes de goma, sumerja la tela en tintura durante una hora, moviéndola constantemente para asegurar una distribución pareja del color. Enjuague con agua caliente, después fría, hasta que el agua salga limpia; deje secar.

2 Realice un diseño repetido para la tela, cortando en forma vertical y horizontal a través de un diseño complicado de formas rectangulares y transponiendo las secciones recortadas (ver página 10). Haga varias fotocopias del diseño; pegue las fotocopias con cinta adhesiva para hacer un diseño continuo. Fotocopie este trabajo sobre acetato (página 10) y lleve el acetato junto con la pantalla de seda a la imprenta que hará el fotoesténcil (página 10).

3 Una vez que tenga el fotoesténcil en la pantalla de seda, humedezca la cinta marrón engomada y péguela alrededor de los cuatro bordes de la malla y del marco de madera, para evitar que el exceso de tintura se filtre por los costados y se corra hacia la tela.

4 Asegure la tela teñida a la superficie de impresión con cinta de pintor. Vuelque con cuchara pasta de tintura violeta en el borde superior del esténcil de seda e imprima el diseño sobre la tela (ver página 59). Repita el proceso de impresión en todo el largo de la tela, haciendo coincidir el diseño a medida que avanza (ver pág. 10).

SEDA MARMOLADA

5 Una vez seca, aplique vapor durante 20 minutos para fijar la tintura; lávela con agua caliente y deje secar. Gire la tela 180°, de modo tal que el diseño quede mirando hacia abajo y vuelva a pegarlo con cinta adhesiva. Emplace el esténcil sobre la tela, encima de la imagen impresa. Vuelque con cuchara tintura decolorante por el extremo superior de la malla del esténcil, después vuelva a imprimir (ver pág. 59). La segunda impresión encima de la primera en la dirección contraria agrega textura al diseño. La tintura decolorante es como un agente blanqueador que elimina el color de fondo de la tela. Esto no será visible de inmediato; simplemente se verá mojado.

6 Deje que la tela se seque, después plánchela durante unos minutos para hacer resaltar la tintura decolorante, moviendo constantemente la plancha para evitar marcar la tela. Las áreas donde la tintura decolorante entró en contacto con la tela serán más claras, dando por resultado diseños delicados. A medida que plancha la tela, verá que la imagen aparece lentamente. Cuanto más tiempo continúe planchando, más fuerte será el efecto de la tintura decolorante. Este proceso puede producir un aroma desagradable, de modo que es aconsejable trabajar en un lugar ventilado o usar una mascarilla protectora.

7 Lave la tela con detergente y acondicionador para telas y deje que se seque naturalmente o plánchela seca. La tela está ahora lista para confeccionar la bufanda.

IMPRESION

Ideas para inspirarse

A continuación sigue un conjunto de diferentes técnicas e interpretaciones que le harán sentir un cosquilleo en los dedos. Soñados por los más brillantes talentos en diseño textil, muestran toda clase de impresiones, desde sofisticados modelos en bloques de papa hasta las más complejas mezclas hechas en esténcil de seda, decoloración y superposición de colores a mano. La impresión le permite repetir diseños y, usando métodos fotográficos, puede hacer la réplica de finos detalles gráficos. ¡Por lo tanto, experimente y disfrute!

▶ **Almohadones con bosquejos**
Se utilizó una combinación de impresión con esténcil, aplicaciones y bordado a máquina para producir estos dos almohadones. La impresión con esténcil se usó para decorar el fondo; tanto las letras como los garabatos sobre la vaca se bosquejaron sobre el esténcil. Después se aplicaron los motivos con costuras y se bordaron los detalles.

◀ **Vida vegetal impresa**
Confeccionada con un trozo de crêpe de seda, esta bufanda con flecos y motivo vegetal se estampó primero con esténcil usando un medio resistente. Después se embelleció pintando a mano con tintura decolorante.

▶ **Los valiosos bulldogs**
Confeccionada con satén de seda, esta bufanda canina se estampó con esténcil en varios colores de tinturas ácidas, las cuales fueron suavizadas con una sobreimpresión de sepia.

◀ **Impresiones en zigzag**
Una paleta de azul y anaranjado es la base para este cobertor estampado. Las filas de impresiones de papa en zigzag hacen eco con los colores de base, para dar por resultado un diseño repetido con mucho ritmo.

IDEAS PARA INSPIRARSE

▶ **Corbatas teñidas**
Para dar color a estas corbatas de seda, se empleó la impresión con bloques y con esténcil de seda. Se estamparon con una pasta resistente y tintura reactiva a las fibras de agua fría o pigmentos metálicos.

▼ **Satén impreso**
Decorado tanto con bloques como con esténcil de seda, usando tinturas reactivas a las fibras de agua fría, este tapiz de satén fue después encerado y raspado, después se lo tiñó con índigo, para producir marcas irregulares.

▼ **Chalecos con parches**
Este resplandeciente chaleco se confeccionó con cuadrados de lino, que primero se tiñeron con una tintura resistente a la cera, después se imprimió con esténcil de seda usando pigmentos y se cosieron los parches con cuero.

IMPRESION

◄ **Bufanda de muchos colores**
Con una combinación de tinturas resistentes y tinturas reactivas a las fibras de agua fría, esta bufanda de crêpe de seda satinada y georgette a rayas se imprimió con esténcil y después se sobreimprimió para crear capas de color y textura.

► **Superposición de diseños**
El chifón de seda se imprimió con esténcil de seda usando tinturas reactivas a las fibras de agua fría, después se sobreimprimió con tintura decolorante natural y de color. Se hizo girar el esténcil todas las veces para crear áreas de superposición de colores.

◄ **Bufanda con ananá azul**
Se utilizaron varias tonalidades de azul para dar color a este crêpe de Chine. Primero, se pintó a mano con tintura reactiva a las fibras de agua fría, después se imprimió encima con esténcil de seda el motivo del ananá. Luego se imprimió con esténcil un pigmento azul claro sobre toda la tela para crear mayor cantidad de detalles.

IDEAS PARA INSPIRARSE

▶ **Camisa estampada colorada**
Primero se tiñó la seda con tintura reactiva a las fibras de agua fría de color rojo, después los elementos del diseño –las rayas y el motivo del caballo– se imprimieron con esténcil de seda con tinturas reactivas a las fibras y tintura decolorante. El canesú y el bolsillo se imprimieron por separado.

▼ **Impresiones de relojes**
Estas bufandas de seda se tiñeron con tintura reactiva a las fibras de agua fría en color azul fuerte, después las secciones se pintaron a mano con tintura decolorante. Por último, las imágenes de los relojes se imprimieron con esténcil de seda usando tinturas de pigmentos azul marino y beige.

◀ **Hojas interesantes**
Se utilizó una hoja de helecho como esténcil para estas fundas de almohadones. Se lo mantuvo en su sitio sobre percal natural y se pintó con una mezcla de pintura para telas de color azul y verde, aplicada con un pincel grande.

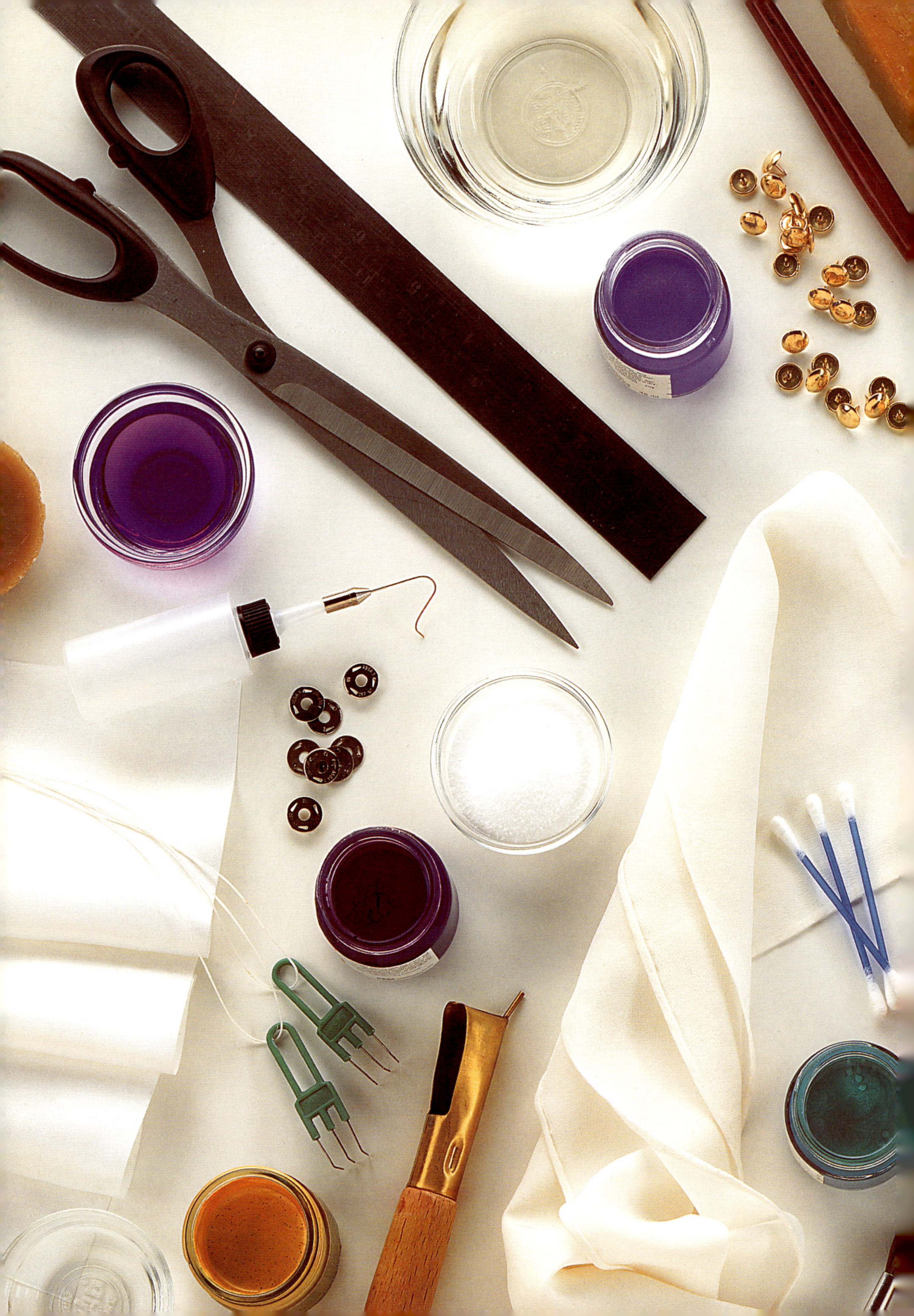

Gutta y cera resistentes

LA GUTTA (SUSTANCIA GOMOSA) Y LA CERA se utilizan para controlar el color en la tela. Las dos forman una barrera impenetrable a las tinturas líquidas, que las mantienen dentro de sus límites. La línea que dibuje con gutta no debe ser gruesa, pero sí completa; el color se escapará a través de cualquier espacio. El resultado final será siempre algo similar a las juntas de plomo de las ventanas con vitrales –que pueden ser fuente de inspiración– aunque puede combinar la gutta con la pintura para telas, reduciendo por lo tanto el impacto de los contornos.

Es esencial planificar el diseño y calcarlo ya sea sobre seda o dibujarlo primero con lápiz muy suave, de modo tal que pueda aplicar la gutta con trazos firmes. La gutta altera levemente la textura de la seda, aunque se suavizará con los lavados y planchados. La cera se utiliza para batik y se elimina totalmente con el planchado, no afectando la calidad de la tela.

Cuadrados relucientes

MATERIALES
Satén de seda
Gutta
Pinturas para seda

EQUIPO
Marco de madera
Chinches de tres patas
Lápiz blando
Regla
Aplicador de gutta
Secador de pelo (optativo)
Pincel de artista
Plancha

TAN BRILLANTE COMO LA VENTANA DE ROSETA de la catedral de Chartres, esta funda de almohadón es tan simple de realizar como pintar un cuadro infantil, y los resultados son mucho más impactantes. Los finos contornos realizados con gutta se adaptan a la disciplina del diseño y se transforman en un elemento importante en el acabado. Puede comprar esta sustancia gomosa (líquido que forma una barrera para contener la pintura) en una variedad de colores, así como también transparente; los contornos en negro realzan el aspecto de vitral.

Si tiene un pulso firme, puede copiar directamente de postales de su altar mayor favorito o tomar ideas de motivos fuertes de los heraldos medievales. Los pintores del siglo veinte, como Joan Miró y Roy Lichtenstein, prestaron inspiración para este definido estilo gráfico con la ayuda de los colores primarios. Para un enfoque menos regimentado y más libre, podría buscar en su biblioteca reproducciones de las obras de Paul Klee y experimentar con los colores más sutiles y apagados de su paleta. Cualquiera sea la idea que le atraiga, sería conveniente practicar usando gutta sobre algún trozo extra de tela antes de trabajar sobre un cuadrado de seda inmaculada; no son muchos los errores que puede cometer, pero en un diseño geométrico como este, se verán.

Brillante y hermoso
Con bordes de pendones pintados y con el reverso confeccionado en una sobria seda de color negro, este almohadón hace sentir su presencia. No es necesario que el reborde tenga forro: la gutta sella la tela y así esta no se deshilacha.

Danza de cuadrados
El centro del blanco en arte cubista está compuesto de cuadrados concéntricos que palpitan de colores, en vibrante contraste con una obra clásica del arte óptico, realizada en blanco y negro, que impacta el ojo del observador.

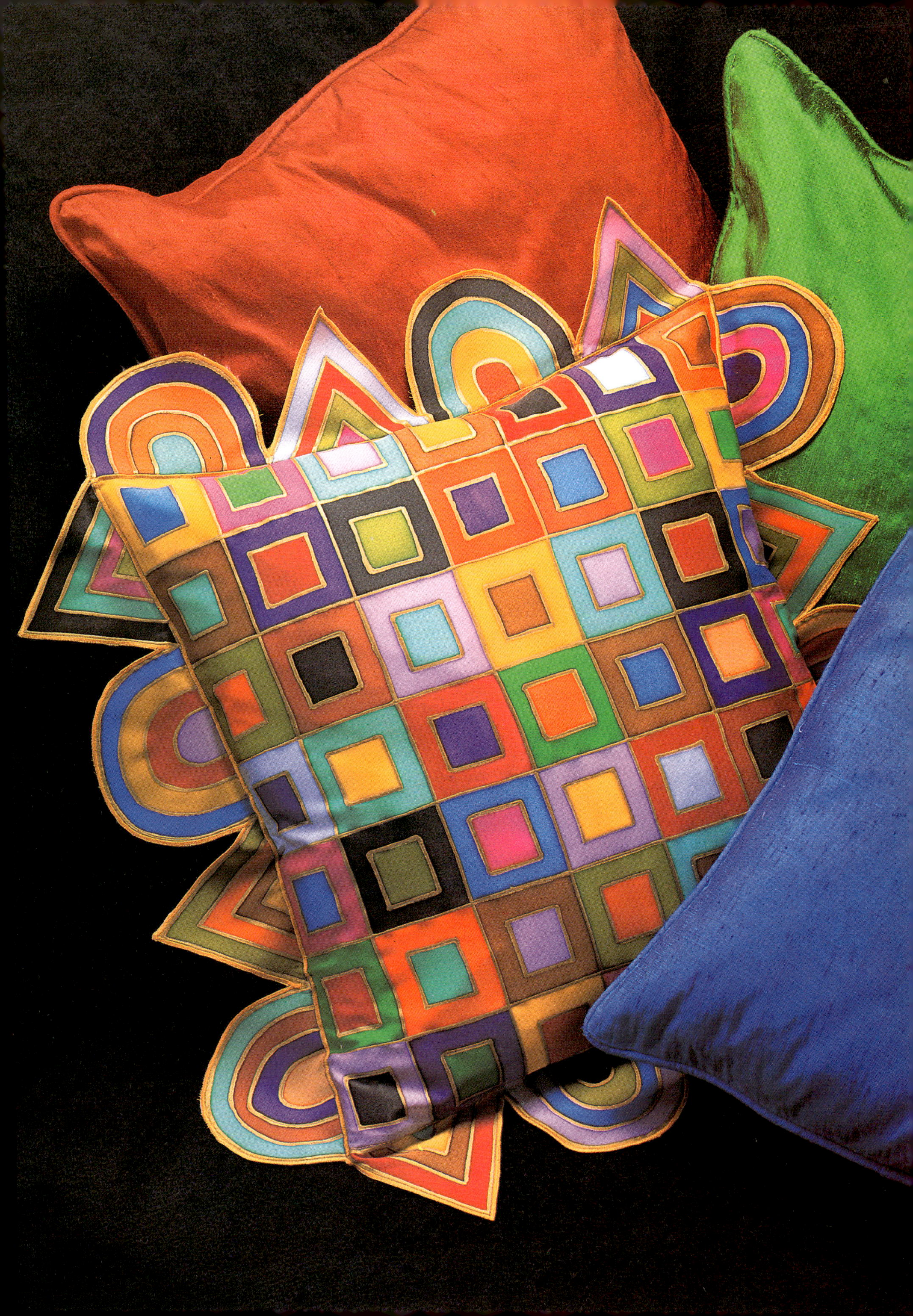

GUTTA Y CERA RESISTENTES

Pintura de sedas

La fijación de la seda es la única parte tediosa de este proyecto; la pintura sin embargo es todo un deleite.

Gutta y satén de seda

Pinturas para seda

1 Extienda un trozo de satén de seda sobre un marco de madera. Comenzando en una esquina de la tela, sujete el orillo de la seda al marco con tres chinches de tres patas. Sujete a intervalos de 2,5 cm a lo largo de cada lado, asegurándose de que quede tirante.

2 Cuando la tela esté sujeta sobre los cuatro bordes, dibuje el diseño sobre la seda con un lápiz blando; utilice una regla para las líneas rectas. Aquí, el diseño es geométrico, con cuadrados, arcos y triángulos.

3 Sostenga el aplicador de gutta en forma vertical sobre la línea de lápiz de la seda y apriete de modo tal que la sustancia gomosa fluya sobre la tela en una línea pareja. Siga todas las líneas a lápiz con gutta, cuidando de no manchar la tela. Deje que se seque durante alrededor de una hora o séquela con un secador de pelo durante cinco minutos. La gutta está seca cuando se siente dura al tacto; si todavía la siente blanda, aún no está seca.

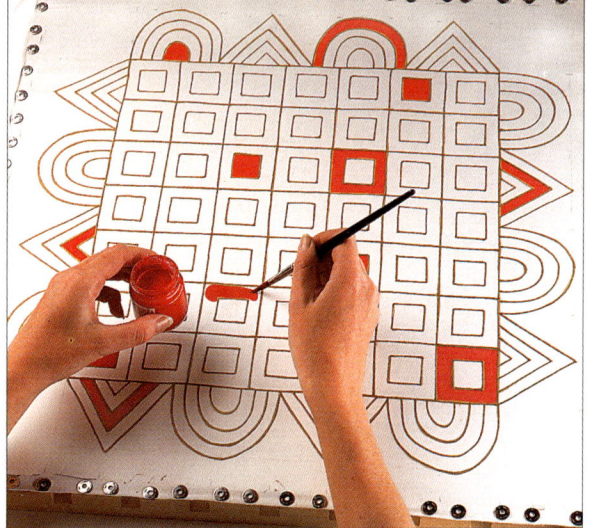

4 Con un pincel de artista, aplique pinturas para seda. La pintura se extenderá rápidamente sobre la tela fina y sólo se detendrá cuando llegue a la línea de gutta, que la contiene. Usando un color por vez, pinte formas en cada parte de la seda, de modo tal que los colores se extiendan en forma pareja por todo el diseño y no se concentren en una sola área.

CUADRADOS RELUCIENTES

5 Continúe aplicando pinturas para rellenar las formas dibujadas en la seda. Si un color se filtra por la línea de gutta, aplique esta sustancia encima del color que se filtró, para evitar que se siga corriendo. Cuando la gutta esté seca, pinte sobre esta parte con un color más oscuro para disimular. Como alternativa, diluya lo que se filtró con agua limpia y absorba con una toalla de papel.

6 Continúe agregando colores y formas para completar el diseño. Cuando la pintura esté casi diluida, se absorberá de inmediato en la tela, de modo que no hay necesidad de esperar a que un color se seque antes de aplicar el siguiente. Tenga cuidado de no colocar los mismos colores en formas adyacentes. Cuide el equilibrio de colores a medida que trabaja.

7 Cuando haya finalizado la pintura, deje que la seda se seque naturalmente durante una hora o acelere el secado con un secador de pelo. Una vez que la tela esté completamente seca, planche el reverso durante dos minutos para fijar los colores. La seda está ahora lista para confeccionar la funda de almohadón.

GUTTA Y CERA RESISTENTES

Paisaje de mar tropical

MATERIALES
Chalina preenrollada de crêpe de Chine de seda
Tinturas para seda a base de agua
Diluyente líquido
Gutta a base de alcohol
Sal
Alcohol isopropílico

EQUIPO
Sujetadores de garra
Marco de madera
Chinches de tres patas
Pincel de esponja
Pincel de artista
Aplicador con pico para gutta
Cotonete de algodón
Máquina de vapor

LA GUTTA RESISTENTE, líquido que bloquea y contiene el flujo de pintura, es un medio maravilloso para controlar los colores en la pintura de sedas pero, tal como sucede en el dibujo, la prolijidad, grosor y color de la línea son todos aspectos cruciales en el acabado. La barrera de gutta no debe ser gruesa, pero necesita aplicarse con pulso firme, de modo tal que tenga gracia y no queden espacios libres.

La mayor parte de la delicadeza de este diseño deriva de los contornos muy finos, meticulosamente dibujados con gutta, con la punta del lápiz del dibujante. La ondulante abstracción del diseño depende primero de inundar el crêpe de Chine con color, lo que da por resultado el conocido equilibrio entre espontaneidad y formalidad que tan a menudo es fórmula de éxito. Los colores en movimiento sobre la seda, recuerdo de aguas tropicales, deben su armonía al hecho de que están íntimamente relacionados. La simple dilución de las tinturas para seda es uno de los métodos utilizados para lograr variaciones, en tanto que la sal y el alcohol se utilizan para otorgar a la obra un sentido de ritmo y vida. Con todas estas técnicas, la práctica mejorará su destreza y ofrecerá soltura y fluidez.

Acuarelas
Pintada con los azules y verdes acuosos de los atolones llenos de palmeras, esto es más que una simple chalina. Los colores de ensueño evocan unas vacaciones en el paraíso y representaría un regalo generoso y lleno de vida para alguna amiga amante del sol.

Frondas con contorno
Estas sinuosas formas de helechos y algas marinas se dibujaron cuidadosamente sobre un fondo levemente esfumado. Cada una de estas variantes está compuesta de una limitada paleta de cuatro o cinco colores como máximo y resulta lo mejor para el efecto final.

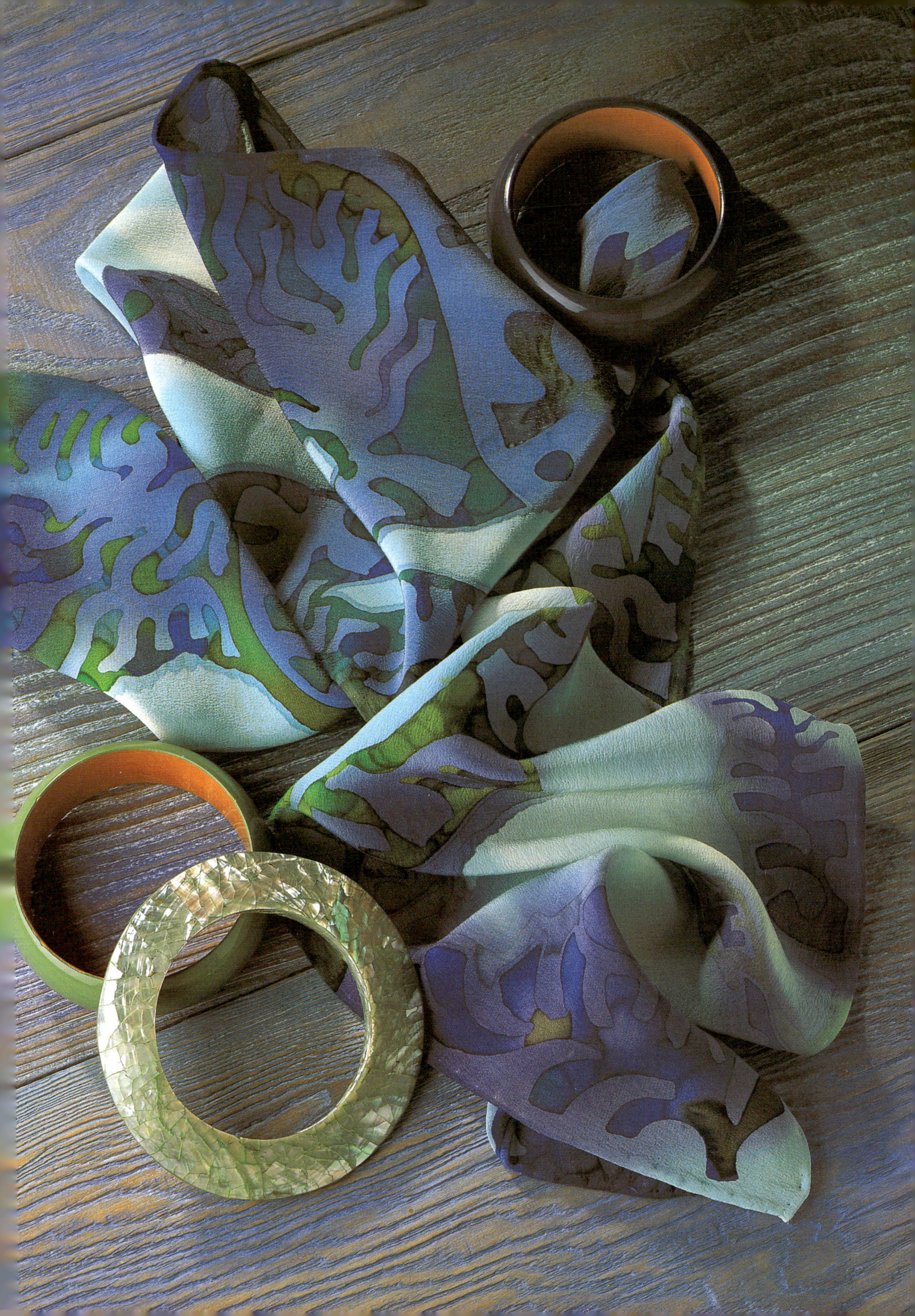

GUTTA Y CERA RESISTENTES

Pintura de sedas

Este proyecto combina la exuberancia de la pintura con esponja con la complejidad de las finas líneas realizadas con gutta. La sal y las gotas de alcohol esparcidas sobre el trabajo mejoran el diseño.

Bufanda de crêpe de Chine de seda preenrollado y gutta a base de alcohol

Tinturas para seda a base de agua

Sal, diluyente líquido y alcohol isopropílico

1 Con sujetadores de garra, sujete la bufanda de seda a un marco de madera, a intervalos, a lo largo. La bufanda debe quedar bien tensa. Trate tinturas para sedas con un diluyente líquido, según las instrucciones del fabricante. Después, con un pincel de esponja, aplique tintura diluida de color azul pálido en parches irregulares por toda la pieza de seda.

2 Con un pincel de artista, aplique tintura de azul más oscuro en parches irregulares por toda la bufanda, dejando entre medio las formas de color celeste. Aplique sólo una pequeña cantidad por vez, ya que la tintura se extiende rápido por la tela. Deje que la tela se seque totalmente.

3 Con un aplicador de pico para la gutta, aplique una línea fina de este material alrededor de las formas de color azul pálido, para hacerles el contorno. Divida la tela en secciones diagonales con más líneas de gutta. Dibuje formas en las áreas azul oscuro de la bufanda, dejando vacías las formas azul pálido.

4 Trabajando en secciones alternadas, pinte el fondo con tintura de color azul oscuro y verde, de modo tal que las formas de gutta parezcan pálidas en comparación con aquellas. En las bandas diagonales adyacentes, rellene las formas de gutta con tintura azul oscuro y verde, dejando el fondo más pálido.

84

PAISAJE DE MAR TROPICAL

5 Para otorgarle al diseño mayor textura y atractivo, esparza sal sobre las formas en algunas de las secciones diagonales, antes de aplicar la tintura. Después, cuando pinte con tintura, la sal se filtrará en diferentes direcciones, creando un bonito efecto plumoso. Repita esta técnica tan a menudo como lo desee en toda la bufanda.

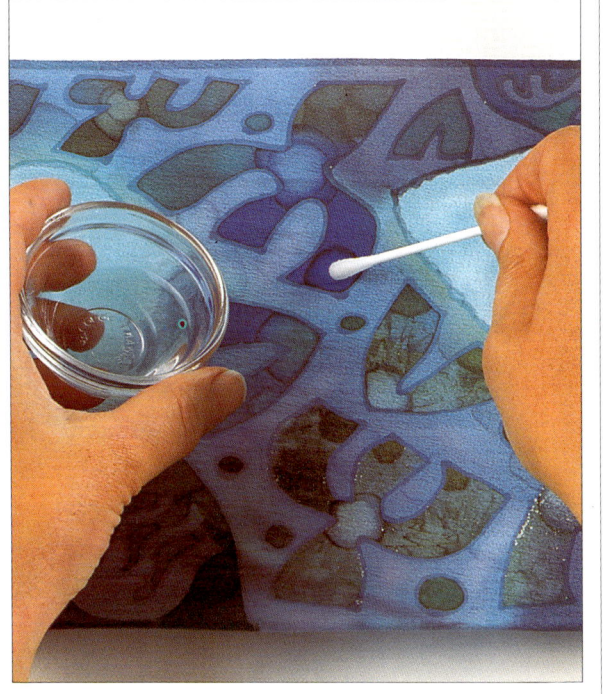

6 Diluya alcohol isopropílico en la proporción 1:1 con diluyente líquido. Sumerja un hisopo de algodón en el alcohol diluido, después toque partes del diseño pintado. El alcohol reacciona con la tintura, al decolorarla, dando por resultado interesantes anillos de color.

7 Cuando la seda esté completamente seca, fije los colores aplicando vapor durante un lapso de 2 a 3 horas (ver página 10), según las tinturas que se utilicen. Después, haga una limpieza a seco para eliminar todo rastro de gutta. La bufanda de seda ahora está terminada y lista para lucir.

GUTTA Y CERA RESISTENTES

Batik acuático

MATERIALES
Tela de algodón
Cera (mezcla de cera de abejas y parafina)
Tinturas para tela

EQUIPO
Marco
Chinches
Lápiz
Hervidor para baño de María
Tjanting
Pincel
Pincel de artista
Guantes de goma
Baño de tintura
Papel de diario
Toallas de papel
Plancha

COMO EN EL CASO DE LA GUTTA resistente, la mayor parte de la calidad en la utilización de cera para bloquear tinturas depende de la precisión de la línea y la fluidez del dibujo. La paciencia es un atributo muy útil para lograrlo, lo mismo que la idea clara de lo que se desea conseguir. Puede copiar de cualquier fuente que le parezca práctica; sin embargo, realice primero algunos bocetos y practique utilizando el tjanting (instrumento parecido a una lapicera que contiene cera líquida). Sería una buena idea comenzar con un tema más simple, ya que este magnífico pez fue pintado con la habilidad y confianza desarrolladas a lo largo del tiempo. Para los principiantes, sólo el borde sería un triunfo.

El diseño realizado con control, formalidad y belleza impacta por las impredecibles tramas de azul oscuro logradas arrugando la tela en un baño de tintura. Las líneas y manchas oscuras están de acuerdo con el tema subacuático, otorgándole al pez vida y consistencia; sin embargo, esta etapa puede eliminarse para aquellos que prefieran que el pez no tenga manchas. El detallado borde amplía el diseño y lo encuadra con belleza. Observe las miniaturas hindúes y los iconos rusos, para inspirarse en temas y colores.

Obras de cera
Un pez tan espectacular como este merece un lugar de privilegio; es tan espléndido que no merece menos que ser considerado una obra de arte. Pintado sobre tela de algodón fina, sus colores se ven maravillosos, en especial cuando están iluminados desde atrás. La técnica puede ser utilizada con éxito, tanto para pantallas como para cortinas.

Un pez para admirar
Sutiles variantes sobre el tema de los peces, estas carpas en movimiento fueron delineadas con una atención exquisita en los detalles. Todos los matices de las aletas y las branquias están dibujados con perfecta fluidez y ritmo.

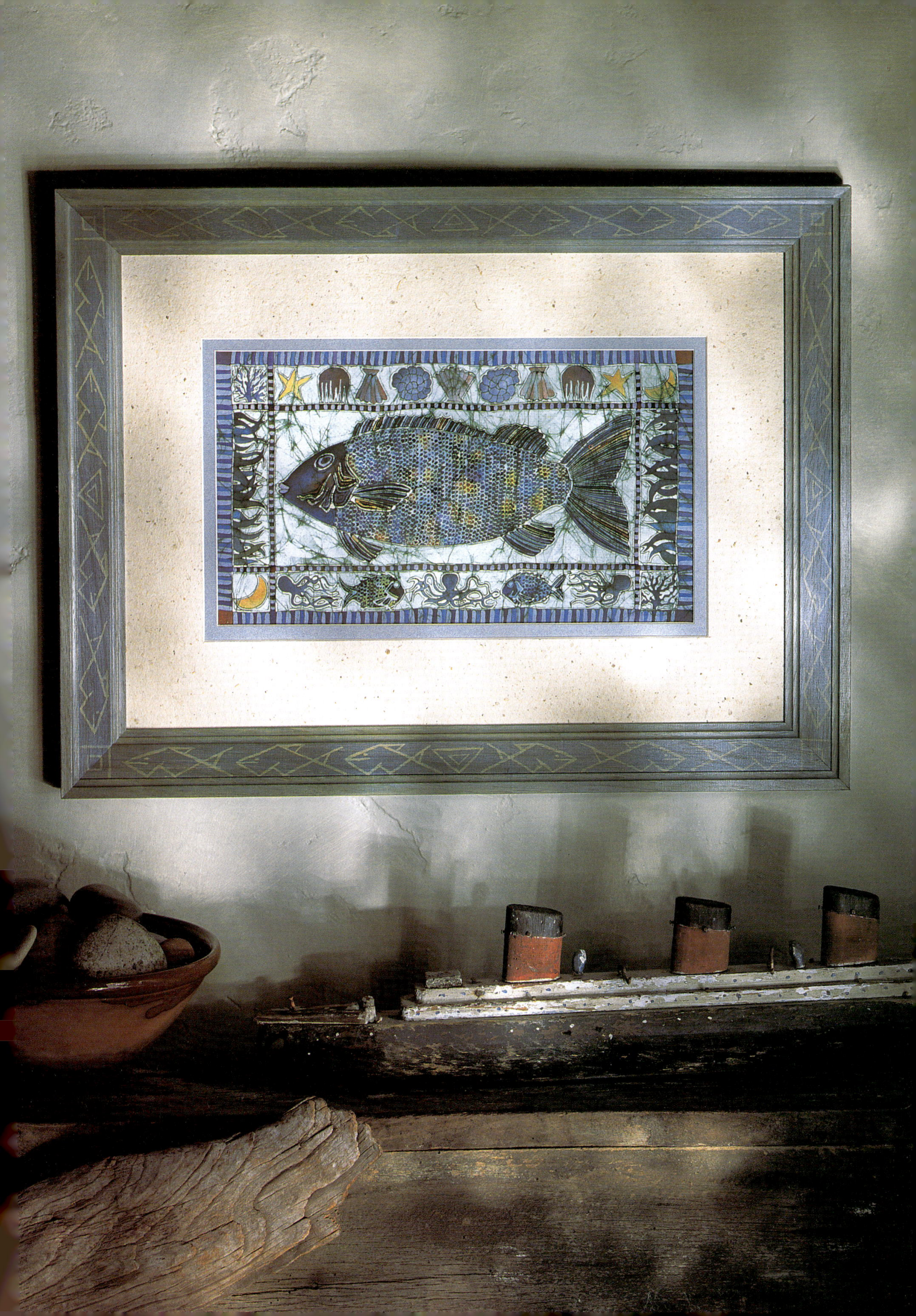

GUTTA Y CERA RESISTENTES

Pintura de algodón

Tome este proyecto con cautela: el aprovechamiento del potencial de las capas de color requiere una cuidadosa planificación.

Tela de algodón

Cera (mezcla de cera de abejas y parafina)

Tinturas para telas

1 Extienda la tela de algodón sobre un marco, asegurándola con chinches. Dibuje el diseño sobre la tela con un lápiz. Aquí, es de un pez y caracolas. A baño de María, derrita cera en un hervidor hasta que esta se haga líquida. Sumerja un tjanting (ver página 86) en cera caliente para llenar el depósito. Con esta herramienta, aplique la cera sobre las líneas a lápiz, moviéndola lentamente para lograr una línea pareja.

2 Rellene las áreas de cera más grandes usando un pincel. Cualquier área que tenga cera resistirá la tintura y quedará del color natural de la tela. Después, con tintura para telas y un pincel de artista, aplique los colores más pálidos del diseño. Aquí, el borde del diseño y la cabeza del pez se pintaron de azul pálido. Deje que la tintura se seque.

3 Con un tjanting, aplique cera sobre las áreas teñidas donde desea el color natural. Aquí, la cera se aplicó para hacer los contornos de las aletas del pez y partes del borde.

4 Con un pincel de artista, aplique más colores. Cuando esté satisfecho con los elementos del diseño, pinte cera sobre ellos, de modo que los colores no puedan cambiar.

5 Con el tjanting, dibuje filas de escamas diminutas con cera caliente, sobre el cuerpo del pez. En esta etapa, la mayor parte de la tela estará cubierta de cera.

BATIK ACUATICO

6 Pinte colores más oscuros sobre algunas de las áreas del diseño que quedaron sin cubrir con cera. Aquí, los frutos de mar en los bordes y la cabeza del pez se pintaron de azul verdoso oscuro. Cuando haya terminado de pintar la tela, pinte con pincel cera sobre el diseño.

7 Retire la tela de la pantalla. Después, con guantes de goma, sumérjala en un baño de tintura de color azul oscuro. Manténgala en tintura unos 10 segundos, después sáquela, colóquela sobre papel de diario y deje que se seque, sacando el exceso de pintura con una toalla de papel.

8 Con la plancha en temperatura media, planche la tela entre hojas de papel de diario para eliminar la cera. Coloque toallas de papel en la parte delantera y reverso del batik para evitar que se transfiera el impreso del diario. El calor de la plancha derrite la cera en el papel. Continúe planchando hasta que no haya más señales de cera. El planchado no eliminará el ciento por ciento de la cera, pero sí una cantidad suficiente para hacer que el batik sea aceptable como para enmarcar.

GUTTA Y CERA RESISTENTES

Ideas para inspirarse

El uso de gutta y cera resistentes logra contornos bien definidos en el diseño. Por esto, los métodos de resistencia son los favoritos de los pintores que se deleitan con los detalles finos, pero también se pueden utilizar para lograr un efecto más extrovertido en aquellos diseños grandes y coloridos, como los que aquí se aprecian. Por lo tanto, apunte alto, cargue el tjanting, tome la gutta y comience a pintar.

▶ **Frutas, flores y peces**
Un viaje a Guatemala proporcionó la inspiración para esta colorida pintura (derecha), en tanto que la vida bajo el agua fue la fuente de su compañera (debajo). Las dos fueron pintadas en seda, con pinturas para esta tela y gutta transparente.

◀ **Colores brillantes**
Temas realistas expuestos en colores vibrantes son los sellos distintivos del trabajo de este artista. Realizados en seda blanca, con pinturas para seda de base acrílica y gutta, los temas abarcan desde animales salvajes en el chaleco (izquierda) hasta vívidas verduras (debajo), peces y flores en las corbatas (derecha).

IDEAS PARA INSPIRARSE

▲ Cuadros y tarjetas
La tela de estas obras se pintó usando la técnica del batik. Los contornos en cera se dibujaron sobre la tela (seda para el cuadro y algodón para las tarjetas) con un tjanting, después se pintó con pinturas para seda entre las líneas de cera, usando un pincel para mezclar los colores, a fin de darle un efecto más artístico.

► Diseño geométrico
Esta impactante chalina de chifón es un ejemplo de la efectividad de los diseños simples que pueden lograrse usando gutta. Se pintó con cuadrados, triángulos y círculos de colores sólidos usando pinturas para seda; los angostos contornos de gutta dividen y realzan las distintas áreas del diseño.

GUTTA Y CERA RESISTENTES

◀ **Chalina con arco iris**
Al aprovechar al máximo los colores del espectro, esta vibrante chalina de seda se pintó con una deslumbrante selección de pinturas para seda en un diseño con diamantes, bloques y ondas. Las líneas de gutta definen las formas geométricas del diseño.

▲ **Diseños Paisley**
Inspirado por diseños hindúes hechos en bloques de madera, estas chalinas de seda se pintaron con técnica de batik. Primero, los contornos de cera se dibujaron sobre la tela usando un tjanting, después se pintó a mano con tinturas reactivas a las fibras de agua fría, en las áreas sin cera.

◀ **Campanillas en batik**
El suelo de un bosque con una alfombra de campanillas se capturó en batik. El uso de cera y tintura crea realces sutiles y profundidades de sombras que no se ven en otros métodos de pintura de telas.

▶ **Motivos pintados**
Las técnicas de resistencia se utilizaron aquí para pintar motivos en seda. El diseño de estrellas, círculos y puntos adornan una chalina (arriba), en tanto que en la otra se pintaron flores estilizadas y hojas (derecha).

92

IDEAS PARA INSPIRARSE

▲ Imágenes deslumbrantes
La forma fantástica de una mujer y plumas que flotan en el aire decoran estas dos chalinas confeccionadas en crêpe de Chine. Los fondos se pintaron con pintura para seda diluida, usando un pincel de esponja, después los diseños se dibujaron con gutta y se pintaron con pinturas para seda.

▶ Fiesta de flores
Delicadamente pintado usando cera caliente aplicada con un tjanting y una variedad de pinturas para telas aplicadas con un pincel de artista, este cuadro de flores en batik demuestra una vasta cantidad de trabajo de pintura en detalle que es posible lograr con este método.

93

Index

A
alcohol isopropílico 85
algodón 6, 9
    impresión con esténcil de seda 44, 52, 56, 64, 75
    pintura/teñido 14
    técnicas resistentes 86-89, 91
almohadón de blasón con esténcil 44-47
almohadón de cuadrados relucientes 78-81
almohadones
    gutta resistente 78-81
    impresión con esténcil de seda 44-47, 68, 72, 75
    pintura/teñido 34-37, 38, 41

B
batik 9, 86-89, 91-93
bloque de linóleo 9, 60-63
bufanda (chalinas)
    bloque de linóleo 60-63
    estampado con esténcil de seda 68-71, 72, 74
    pintado y teñido 18-21-30-33, 39, 40, 75
    técnicas resistentes 82-85, 91-93
bufanda con paisaje de mar tropical 82-85
bufanda de seda a rayas con estilo 18-21
bufanda de seda marmolada 68-71

C
cera resistente 7, 9, 73, 77, 86-93
chalecos 38, 73, 90
chales 39-60
chifón 39, 74, 91
chinches 8
color claro rápido 7
colores
    claros rápidos 7
    dispersos 7, 77, 81
corbata de colosos en combate 26-29
corbatas 26-29, 41, 73, 90
cortina de enrollar con selva pintada 14-17
cortina de pura seda con hojas 48-51
cortinas 48-51, 68
cortinas de enrollar 14-17, 86
crêpe 60, 68, 72, 74, 82, 93
cuadro de batik acuático 86-89
cuadros 86-89, 90, 91, 92, 93

D
diseños fotocopiados 10, 11, 28, 38, 56
diseños repetidos 11, 43, 60, 70

E
equipo 8-9
esponjas 7, 9, 46, 82
esténciles 9, 10, ver también impresión con esténcil de seda

F
fibras naturales 6
fijación 6-7, 9, 11
funda de duvet 40

G
georgette 60, 74
gutta 7, 9, 77-85, 90-93

H
herramientas 9

I
impresión 9, 43-75
    corte de linóleo 9, 60-63
    esténcil de seda 9-11, 43-51, 56-59, 64 75
    papa 9, 43, 52-55, 72
    poliestireno para impresión con prensa 9, 48-51
impresión con esténcil de seda 9-11
    almohadones 44-47, 72
    bufandas 40, 68-71, 72, 74, 75
    corbatas 26-29, 73
    cortinas 48-51
    chalecos 73
    remeras 56-59, 75
    sillas 64-67
impresión con papa 9, 43, 52-55, 72
impresión por bloque 73
    linóleo 9, 60-63
    papas 9, 43, 52-55, 72
    poliestireno para impresión con prensa 9, 48-51
imprimador 7, 39
índigo 30-33, 38, 73

L
lana 6, 9, 22, 39
lapiceras 8, 50
linóleo 9, 73
lona 9, 39, 64

M
manta de audaces bloques de paño 22-25
mantas 22-25
mantas decorativas 22-25, 72
mantel 52-55
mantel con impresiones con papa 52-55
marcas de referencia 10-11, 68
materiales 8-9
medios para espesar 7

N
nylon 6, 9

P
percal (tela de algodón) 14, 38, 75
pinceles 7, 8
pintura 6-7
pintura a base de agua 6, 9
pintura de fijación con vapor 6-7, 9, 11
pintura y teñido
    almohadones 34-38, 41
    bufandas 18-21, 30-33, 62, 74, 75
    corbatas 26-29, 41
    cortina de enrollar 14-17
    chaleco 38
    manta 22-25
planchado 6, 89
plumas 6
poliestireno para impresión con prensa 9, 48-51
preparativos 8

R
rayón 9
remera con serigrafía de caracolas 56-59
remeras 56-59
remeras 56-59, 75

S
sal 30, 33, 38, 85
seda
    impresión con esténcil de seda 48-51, 68-71, 72, 73, 74, 75
    impresión con linóleo 60-63
    pintura/teñido 18-21, 26-33, 38, 40-41, 75

pinturas 6, 9
técnicas resistentes 78-81, 82-85, 90-93
seda brillante como papel picado 60-63
seguridad 6, 7, 8, 34
serigrafías 9, 10-11
ver también impresión con esténcil de seda
sillas 9, 64-67

sillones de lona para la playa 64-67
sulfato ferroso 30-33, 38

T

tapices 41, 73, 90
tarjetas 91
técnicas 10-11
técnicas resistentes 9, 30, 41, 72, 73
cera 7, 9, 73, 77, 86-93
gutta 7, 9, 77-85, 90-93
tela
   pinturas 6, 9
   preparación 8
   tipos 9
teñido con té 48, 50
teñido (ver pintura y teñido)
teñido de corbatas 30-33, 39
terciopelo 34-37, 38-40

tintura decolorante 34, 39, 60, 68, 72
tintura reactiva a las fibras 6, 26, 60,68
tinturas ácidas 6, 18, 22 34
tjanting 9, 30, 86,92, 93

V

viscosa 9

Agradecimientos

La suntuosidad representa una justa descripción de todas las telas que componen este libro; observar el trabajo de los artistas de diseño textil resulta una visión apasionante de pura creatividad y cada uno de los muchos que contribuyeron aquí han tenido inspiración e ideas suficientes para merecer una detallada monografía individual. Desafiaron la formidable logística necesaria para la fotografía de los proyectos paso por paso con fortaleza e inteligencia, y los resultados de sus trabajos deberían convencer al más escéptico filisteo de que una obra de belleza –en especial si uno puede utilizarla como vestimenta– representa una alegría para siempre. Todo lo hicieron muy simple. La complicada tarea de orquestar este conjunto de talentos recayó en Heather Dewhurst. Como antes, se demostró a sí misma no sólo que es una computadora humana infalible con una infinita cantidad de bytes, sino también tranquila, capaz y divertida para trabajar. Clive Streeter se destacó en aerobismo fotográfico, subiendo y bajando la escalera como si Jane Fonda estuviera pisándole los talones. A pesar de trabajar asiduamente más allá del horario de trabajo, en todo momento mantuvo el humor y todas las fotografías demostraron su habilidad e inventiva. Andy Whitfield alimentó a todos con entusiasmo y mantuvo todo en acción. Ali Edney produjo los decorados para hacer que las telas terminadas se vieran tan espléndidas como merecían, y Marnie Searchwell tomó el complicado cóctel de palabras y figuras (sometiendo todos los detalles al más enloquecedor y puntilloso escrutinio) y lo transformó en este hermoso libro del cual todos nos sentimos orgullosos. Con este equipo y un tema tan maravilloso, la producción de la obra ha resultado ser puro placer. Por último, de todas las personas que brindaron consejo, el personal de George Weil de Hanson Street merece un agradecimiento especial.

Las siguientes empresas prestaron amablemente los accesorios para las fotografías:

Candle Makers Supplies
28 Blythe Road
London W14 0HA
Tel: 0171-602 4031
Materiales artísticos y tinturas para telas

Cowling & Wilcox
26-28 Broadwick Street
London W1V 1FG
Tel: 0171- 734 5781
Materiales artísticos

Farrow & Ball
33 Uddens Trading Estate
Wimborne, Dorset BH21 7NL
Tel: 01202 876141
Pintura mate "Old White" de las páginas 49 y 87

Liberty
Regent Street
London W1R 6AH
Tel: 0171-734 1234
Los bols de la página 31; almohadones de seda de la página 79

Liberty Furnishings
3 Chelsea Harbour Design Centre
London SW10 0XE
Tel: 0171 -349 5500
Tela de felpilla de algodón de la página 79

Phillips Carpets
250 Staines Road
Ilford, Essex IG1 2UP
Tel: 0181-507 2233
Alfombras color verde mar de las páginas 35 y 57

Purves & Purves
80-81 & 83 Tottenham Court Rd
London W1P 9HD
Tel: 0171-580 8223
Cristalería de la página 53

James Smith & Sons
Hazelwood House
53 New Oxford Street
London WC1A 1BL
Tel: 0171-836 4731
Paraguas de la página 69

Spread Eagle Antiques
8 Nevada Street
London SE10 9JL
Tel: 0181-305 1666
Caja de plata de la página 61

Stuart R. Stevenson
68 Clerkenwell Road
London EC1M 5QA
Tel: 0171-253 1693
Pinceles japoneses de la página 31

The V & N
29 Replingham Road
London SW18 5LT
Tel: 0181-874 4342
Barral dorado para cortinas de la página 49; sillas estilo francés de metal de la página 53

George Weil and Sons
18 Hanson Street
London W1P 7DB
Tel: 0171-580 3763
Materiales artísticos y tinturas para telas

Winsor & Newton
51 Rathbone Place
London W1P 1AB
Tel: 0171-636 4231
Materiales artísticos